Erich Bauer

# Wassermann

21. 1. – 19. 2.

**Alles über den Wassermann:**

Liebe • Gesundheit • Beruf

Illustrationen von Isabella Roth

Knaur

Besuchen Sie uns im Internet:
www.droemer-knaur.de

Originalausgabe 2001

Redaktion: Ralf Lay
Umschlaggestaltung: Zero Werbeagentur, München
Illustrationen: Isabella Roth, Hamburg
Layout und Satz: Sabine Hüttenkofer, München
Druck und Bindung: Clausen & Bosse, Leck
Printed in Germany
ISBN 3-426-77552-2

4 5 3

*Für Andreas, Sandro, Paula und Helmut*

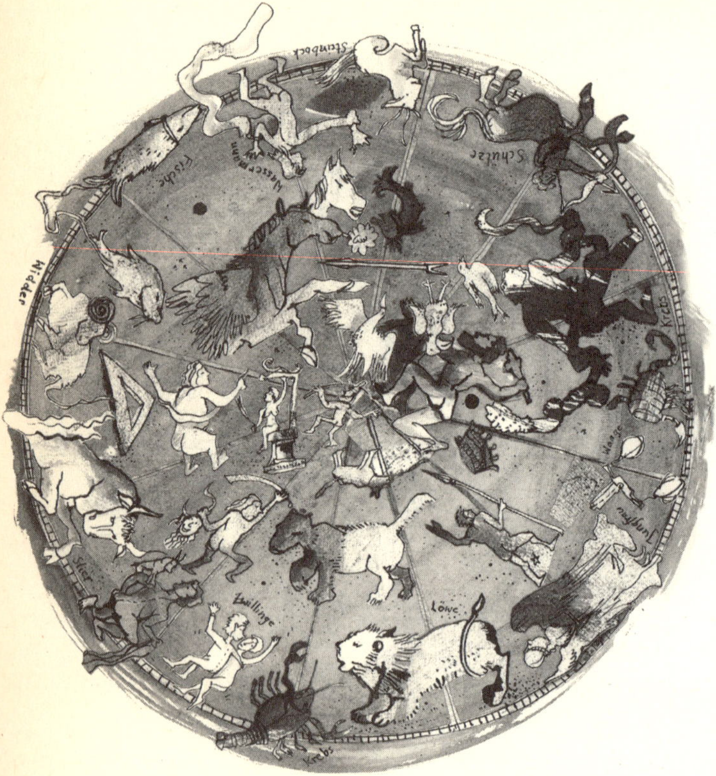


*Die Sternzeichen des nördlichen Tierkreises bilden die Grundlage der Astrologie*

# INHALT

# VORWORT

*Astrologie ist eine wunderbare Sache.*
Sie verbindet den Menschen mit dem Himmel, richtet seinen Blick nach oben in die Unendlichkeit. Vielleicht steckt hinter der Beschäftigung mit Astrologie zutiefst die Sehnsucht nach unserem Ursprung, unserem Zuhause, nach Gott – oder wie immer man das Geheimnisvolle, Unbekannte nennen will.

*Astrologie ist uralt und trotzdem hochaktuell.*
Die ersten Zeugnisse einer Sternenkunde liegen Tausende von Jahren zurück. Und dennoch ist sie brandneu. Es scheint, als hätte sie nichts von ihrer Faszination eingebüßt. Natürlich hat sich die Art und Weise astrologischer Beschäftigung verändert. Während früher noch der Astrologe persönlich in den Himmel schaute, studiert er heute seinen Computerbildschirm. Damals konnte man nur von einem Kundigen eingeweiht werden, heute finden sich beinahe in jeder Zeitung astrologische Prognosen.

*Astrologie ist populär.*
Jeder kennt die zwölf Tierkreiszeichen. Man kann eigentlich einen x-beliebigen Menschen auf der Straße ansprechen und ihn nach seiner Meinung befragen: Er weiß fast immer Bescheid, sowohl über sein eigenes Sternzeichen als auch über die meisten anderen. Die zwölf astrologischen Zeichen sind Archetypen, die im Unterbewußtsein ruhen und auf die man jederzeit zurückgreifen kann.

*Astrologie schenkt Sicherheit.*
Der einzelne findet sich eingebettet in einer gütigen und wohlwollenden Matrix, ist aufgehoben, hat seinen Platz, so wie auch alle anderen ihren Platz haben.

*Astrologie kann gefährlich sein.*
Sie kann sowohl den Astrologen wie auch seine Klienten dazu verleiten, sich aus der Wirklichkeit auszublenden. Ersterem scheint sie ein schier perfektes System zu liefern: Konstellationen, die sich auf Bruchteile von Sekunden berechnen lassen, blenden und machen

glauben, man habe es mit einer exakten Wissenschaft zu tun. Genau das ist aber falsch. Die Astrologie ist viel eher eine Kunst oder eine Philosophie als eine Naturwissenschaft. Ihre Vorhersagen sind immer nur ungefähr, zeigen eine Möglichkeit, geben aber keine Garantie. Astrologen wie Ratsuchende driften, wenn sie nicht achtgeben, leicht in eine Pseudowelt ab. In ihr ist zwar alles in sich stimmig, allein es fehlt am validen Bezug zur Wirklichkeit.
Ich bin Astrologe aus Passion. Ich lebe in dieser Welt, aber ich weiß auch, daß sie nicht alles offenbart. Ich freue mich, die Gestirne als Freunde zu haben, und glaube, daß ich so mein Schicksal gütig stimme. Das ist eine Hoffnung, kein Wissen.

*Ist Astrologie dann ein Religionsersatz?*
Vielleicht. Aber genausogut könnte man auch die Religionen als einen Ersatz für Astrologie bezeichnen. Die Sterne waren jedenfalls zuerst da. Ich betrachte die Planeten wie »Götter«. Aber das tue ich nur, um die Würde zum Ausdruck zu bringen, die ihnen meiner Meinung nach zu eigen ist. Ich weiß jedoch auch, daß sie nicht der Weisheit letzter Schluß sind. Dahinter existiert noch etwas Größeres, Mächtigeres, Unfaßbares.
Am meisten begeistert mich, daß mir die Astrologie die Augen geöffnet hat für die Vielfalt des Lebens. Man neigt doch so sehr dazu, die Welt als einen Teil von sich selbst zu erleben, entweder passend oder nicht – richtig oder falsch. Mit Hilfe der Astrologie habe ich erfahren, daß es verschiedene Prinzipien gibt und damit auch ganz verschiedene Menschen.

Ich wünsche Ihnen beim Lesen Spaß, Spannung, etwas Skepsis – und daß Sie sich selbst und andere besser verstehen.

*Erich Bauer im Frühjahr 2001*

## Eine kurze Geschichte der Astrologie

Am Anfang jeder Geschichte der Astrologie steht das Bild des nächtlichen, mit Sternen übersäten Himmels. Der Mensch früherer Zeiten hat ihn sicher anders erlebt als wir. Er wußte nichts von Lichtjahren und galaktischen Nebeln. Er erschaute das Firmament eher vergleichbar einem Kind. Und als Kind der Frühzeit sah er sich nicht, wie wir heute, als getrennt von diesem Himmel, sondern als eins mit ihm. Er fand sich in allem und fand alles in sich. Und er folgte dem Rhythmus dieses großen Ganzen, ähnlich wie ein Kind seiner Mutter folgt. Dabei fühlte er sich wohl getragen und geborgen.

Wann die Menschheit anfing, sich aus diesem Gefühl der Allverbundenheit zu lösen, ist schwer zu sagen. Die überlieferten Zeichen sind rar und rätselhaft. Aber als der Homo sapiens begann, die Sterne zu deuten, war er dem großen Ozean seit Äonen entstiegen, er sah sich und den Himmel längst als getrennte Einheiten. Doch kam es irgendwann dazu, daß der Mensch Beziehungen zwischen den Sternbildern und dem Leben auf der Erde wiederentdeckte, deren Kenntnis er eigentlich schon immer besaß. Beispielsweise erlebte er, daß ein Krieg ausbrach, während am Himmel ein Komet auftauchte und die normale Ordnung der Sterne störte. Oder er empfand großes Glück, während sich am Himmel zwei besonders helle Lichter trafen. Er begann solch auffällige Lichter mit Namen zu versehen: »Helios« beispielsweise – oder »Jupiter«, »Mars« oder »Venus«. Er ging sogar dazu über, bestimmte Sterne als Gruppen (Sternbilder) zusammenzufassen und ihnen Namen zu geben, etwa »Widder« oder »Großer Wagen«. Immer wieder beobachtete er typische Gestirnskonstellationen, die parallel zu markanten Ereignissen auf der Erde auftraten. Nach den Gesetzen der Logik entwickelte er aus diesen Zusammenhängen mit der Zeit eine Wissenschaft, die Astrologie, die ihm zum Beispiel die Schlußfolgerung erlaubte, daß auf der Erde Gefahr droht, wenn Mars in das Tierkreiszeichen Skorpion eintritt. So fand der Mensch allmählich seine verlorene Einheit wieder und baute eine Brücke, die ihn mit seinem Urwissen verband, das er im Inneren seiner Seele aber nie wirklich verloren hatte.

## DER URSPRUNG

Die Urheimat der Sternkunde war nach heutigem Erkenntnisstand Mesopotamien, das Land zwischen den Flüssen Euphrat und Tigris, das jetzt Irak heißt. Dort war der menschliche Geist wohl am kühnsten und vollzog als erster endgültig die Trennung zwischen Mensch und Schöpfung. Die Sterne am Himmel bekamen Götternamen, etwa den des Sonnengotts Schamasch und der Göttin Ischtar, die auch als Tochter der Mondgöttin verehrt wurde und die sich als leuchtender Venusstern offenbarte. Da der Mond, die Sonne und einige andere Lichter im Vergleich zu den Fixsternen scheinbar wanderten, nannte man diese Planeten »umherirrende« oder »wilde Schafe« und unterschied sie von den »festgebundenen« oder »zahmen Schafen« – den Fixsternen, die vom Sternbild Orion, dem »guten Hirten«, bewacht wurden. Der größte Planet des Sonnensystems, mit heutigem Namen »Jupiter«, war im Land zwischen den zwei Strömen ein Sinnbild des Schöpfergottes Marduk. Sein Sohn und Begleiter hieß »Nabu« und wurde später zu »Merkur«. Das rötlich funkelnde Gestirn Mars wiederum war die Heimat des Herrn der Waffen, der genauso als Rachegott angesehen wurde. Saturn war ebenfalls bereits entdeckt worden und wurde als eine »müde Sonne« betrachtet. Außerdem galt er als Gott der Gerechtigkeit, Ordnung und Beständigkeit. Gemeinsam mit anderen Göttern erhob sich schließlich der Rat der zwölf Gottheiten, und damit hatten auch die zwölf verschiedenen astrologischen Prinzipien ihren Auftritt. Zu all diesen Erkenntnissen kam man im Zweistromland etwa zwischen dem 7. und 4. vorchristlichen Jahrhundert.

Man hat Tafeln aus dem 2. Jahrhundert vor Christus gefunden, auf denen Beobachtungen über den Lauf von Sonne, Mars und Venus eingezeichnet waren. Auch Zeugnisse von ersten Geburtshoroskopen stammen aus dieser Zeit. Im Jahr 1847 wurden bei den Ruinen von Ninive 25 000 Tontafeln ausgegraben. Man datierte sie ins Jahr 600 vor Christus. Auf einem Teil dieser Tafeln befinden sich Weissagungen, die, mit etwas Zeitgeist aufgefrischt, ohne weiteres der astrologischen Seite einer modernen Tageszeitung entstammen könnten: »Wenn Venus mit ihrem Feuerlicht die Braut des Skorpions beleuchtet, dessen Schwanz dunkel ist und dessen Hörner hell leuchten, so wird Regen und Hochflut das Land verwüsten.«

Das ist eine »professionelle« astrologische Vorhersage. Damit war Spezialistentum an die Stelle einer ganzheitlichen Naturerfahrung getreten. Denn inzwischen hatte nur der fachkundige Astrologe die Zeit und das Wissen, den Himmel zu studieren, um daraus Rückschlüsse auf die Ereignisse im Weltgeschehen zu ziehen. Bald mußte dieser Fachmann auch nicht einmal mehr den Himmel selbst beobachten. Spätestens im 1. Jahrhundert vor Christus gab es Ephemeriden. Das sind Bücher, aus denen die Stellung der Gestirne zu jeder beliebigen Zeit herausgelesen werden kann. Die Astrologie, wie sie auch heute noch betrieben wird, war damit endgültig geboren.

## DIE BLÜTE

In den nun folgenden anderthalbtausend Jahren erlebte die Astrologie eine Blütezeit kolossalen Ausmaßes. Dafür steht ein so bedeutender Name wie Claudius Ptolemäus. Er lebte im 2. Jahrhundert nach Christus und vertrat das geozentrische Weltbild mit der Erde im Mittelpunkt, auf das sich die Menschheit nach ihm noch länger als ein Jahrtausend beziehen sollte. Er war Geograph, Mathematiker und ein berühmter Astrologe und Astronom, der das bis in unsere Zeit fast unveränderte Regelwerk der Astrologie, den *Tetrabiblos*, welcher aus vier Büchern besteht, verfaßte. Darin riet er zu einer sorgfältigen Gesamtschau des Geburtshoroskops. Er erwähnte auch, daß man bei der Beurteilung eines Menschen ebenso dessen Milieu und Erziehung berücksichtigen solle, was einer modernen ganzheitlichen psychologischen Betrachtungsweise entspricht.
Eine spätere Berühmtheit in der Geschichte der Astrologie war Philippus Theophrastus Bombastus von Hohenheim (1493–1541), der sich selbst stolz Paracelsus nannte. Er war Arzt, Alchimist sowie Philosoph, und von ihm stammt jener von Astrologen so oft zitierte Satz: »Ein guter Arzt muß immer auch ein guter Astronomus sein.« Dazwischen lebte der Bischof Isidor von Sevilla (560–636). Er schrieb, ein Arzt solle immer auch sternkundig sein. Erwähnt werden muß natürlich die berühmte weibliche Vertreterin einer sternenkundigen Heilkunst, Hildegard von Bingen (1098–1179). Sie war fasziniert von den Analogien zwischen Himmel und Erde, sammelte Kräuter, pflanzte sie im Klostergarten an und schrieb über die Wirkung der Mondphasen. Natürlich war die heilige Hildegard nicht der einzige weibliche astrologisch denkende Mensch. Aber ihr Name sei hier stellvertretend genannt für

all die Frauen, die als Tempelpriesterinnen, Nonnen und angebliche Hexen ihr ganzheitliches Wissen über die Jahrhunderte hinweg weitergegeben haben.
Bis ins 16. Jahrhundert dauerte die Hoch-Zeit der Astrologie. Beinahe alle angesehenen Denker – wie Platon und Aristoteles im Altertum, Naturwissenschaftler wie Nikolaus Kopernikus (1473–1543), Johannes Kepler (1571–1630) und Galileo Galilei (1564–1624) – dachten astrologisch und berechneten auch Horoskope. Am bekanntesten ist das von Kepler angefertigte Horoskop Wallensteins aus dem Jahr 1608. Die Astrologie wurde an den Universitäten gelehrt, und auch viele Bischöfe und einige Päpste förderten die Sternkunde. Wie es heute selbstverständlich ist, daß ein Naturwissenschaftler Einsteins Relativitätstheorie kennt und versteht, so war damals jeder denkende Kopf in der Astrologie bewandert.

## DER NIEDERGANG

Bereits Ende des 16. Jahrhunderts hatte die Astrologie ihren guten Ruf in vielen Ländern Europas verloren. Es gab päpstliche Anordnungen wie die Bulle »Constitutio coeli et terrae« von 1586, in der ein Verbot der Astrologie ausgesprochen wurde, und die meisten Universitäten schafften ihren Lehrstuhl für Astrologie ab.
Worauf war dieser rapide Niedergang zurückzuführen? Es gibt sicher zahlreiche Gründe. Der wichtigste ist, daß sich der menschliche Geist von den Fesseln tradierter Vorstellungen zu befreien begann. Er löste sich mit der Reformation von Rom und später mit der Französischen Revolution von seinen königlichen und kaiserlichen »Göttern«. Da war es nur konsequent, sich auch von den »Göttern am Himmel« loszusagen. Der zweite Grund war der, daß sich im Lauf der Zeit grobe Fehler astrologischer Vorhersagen herumsprachen. So hatte es wohl keine Prophezeiung gegeben, die den Dreißigjährigen Krieg oder die Pest rechtzeitig in den Sternen sah. Der dritte Grund wird häufig von den professionellen Astrologen angeführt. Sie behaupten, daß die falschen Propheten, also die unseriösen Astrologen, der wahrhaften Sterndeutekunst das Aus bescherten. Eine Kunst wie die Astrologie lockt natürlich auch faustische Gestalten an, die davon besessen sind, dem Schicksal einen Schritt voraus zu sein. Solche Schwarmgeister

*Die 1524 prophezeite Sintflut aufgrund einer Planetenballung im Fischezeichen fand nicht statt*

und falsche Propheten haben der Astrologie bestimmt geschadet, besonders auch, weil durch die Erfindung der Buchdruckerkunst jede selbst noch so törichte Prophezeiung in einer hohen Auflage verbreitet werden konnte. Aber den guten Ruf der Astrologie haben letztlich auch sie nicht ruiniert.
Nein, es waren die Astrologen selbst. Als im 16. und 17. Jahrhundert durch immer neue Entdeckungen die Erde ihre zentrale Stellung verlor und sich ein völlig neues naturwissenschaftliches Verständnis durchsetzte, versuchte die Astrologie mitzuhalten und verlor wegen ihrer unhaltbaren Thesen jeden Kredit in den gelehrten Kreisen. Schon Kepler, der seiner Zeit um Jahrzehnte voraus war, hatte die Astrologen gewarnt und ihnen geraten, ihre Kunst nicht auf einen naturwissenschaftlichen, sondern auf einen philosophischen Boden zu stellen. Er sagte, es sei unmöglich, zu denken, daß die Sterne mittels irgendwelcher Strahlungen die menschliche Seele berühren könnten. Er sprach in diesem Zusammenhang von einem astrologischen Instinkt, der im menschlichen Geist verankert sei. Aber sein »psychologischer Ansatz« wurde überhört und ging schließlich völlig unter. Die Astrologen sahen sich im Gegenteil dazu veranlaßt, immer hanebüchenere »wissenschaftliche« Thesen aufzustellen. Die Folge war ein gewaltiges Gelächter der gesamten gelehrten Welt im 17. Jahrhundert, das bis heute noch nicht verklungen ist.

## DER NEUBEGINN

Erst im 19. und dann besonders im 20. Jahrhundert besann sich der Mensch wieder vermehrt seiner fernen Vergangenheit. Der Schweizer Psychoanalytiker C. G. Jung etwa sagte, daß die Astrologen endlich darangehen müßten, ihre Projektionen, die sie vor Jahrtausenden an den Himmel geworfen hätten, wieder auf die Erde zurückzuholen. In jeder menschlichen Seele seien die Kräfte der astrologischen Archetypen, der archaischen Urbilder, enthalten und dort wirksam. So wird der Raum am Himmel mit den Zeichen und Planeten zu einer Landkarte menschlicher Anschauung. Dabei ist es nicht so, daß zum Beispiel der Planet Mars die Geschicke *bestimmt*, sondern er *zeigt* durch seine Position den Gesetzen der Analogie folgend *auf*, was in der menschlichen Seele vor sich geht.

Nach seiner jahrtausendelangen Reise heraus aus der Allverbundenheit hat der Mensch also begonnen, den Bezug zu seinen Ursprüngen wiederherzustellen. Er besinnt sich als kritischer und freier Geist darauf, was schon immer in ihm vorhanden war. Damit beginnt die Ära einer psychologischen oder philosophischen Astrologie. Und das ist auch die Geburtsstunde einer Astrologie, die ganzheitlich denkt und arbeitet.

In etwa parallel zu dieser allmählichen Hinwendung zur Psychologie und Philosophie übernahmen Computer mit entsprechender Software den komplexen Rechenvorgang zur Erstellung eines Geburtshoroskops. Bis vor vielleicht zehn, zwanzig Jahren gehörte es zum Standardkönnen eines jeden Astrologen, Horoskope zu berechnen und zu zeichnen. Dies ist sehr wahrscheinlich einer der Gründe, warum Frauen unter den Sterndeutern damals deutlich in der Minderzahl waren. Es ist einfach nicht ihr Metier, sich mit trockenen Zahlen und komplizierten Berechnungen herumzuschlagen, wo es doch um seelische Vorgänge geht – und diese Feststellung ist in keiner Weise abwertend gemeint, denn heute sind Frauen unter den Astrologen bei weitem in der Überzahl.

Der PC spuckt nach Eingabe von Name, Geburtsdatum, -ort und -zeit in Sekundenschnelle das Horoskop aus. Die astrologische Kunst scheint jetzt »nur« noch darin zu bestehen, die Konstellationen richtig zu deuten. Und auch hier ersetzt der Computer mehr und mehr den Astrologen. Es gibt schon seit einigen Jahren Programme, die mit entsprechenden Textbausteinen zu bemerkenswert treffenden Aussagen kommen. Ist dies nun das Ende der Sterndeuter? Ich meine: im Gegenteil! Überlassen wir dem »Computer-Astrologen« ruhig die Grundarbeit. Das spart Zeit. Dafür kann der »Mensch-Astrologe« die einzelnen Fakten im Sinne einer ganzheitlichen Schau zusammentragen und sich völlig dem Verständnis der einmaligen, individuellen Persönlichkeit widmen. Ebendafür ist ein großes Maß an Intuition, die ja gerade eine weibliche Stärke ist, mit Sicherheit von Vorteil.

# *Teil I* DAS TIERKREISZEICHEN

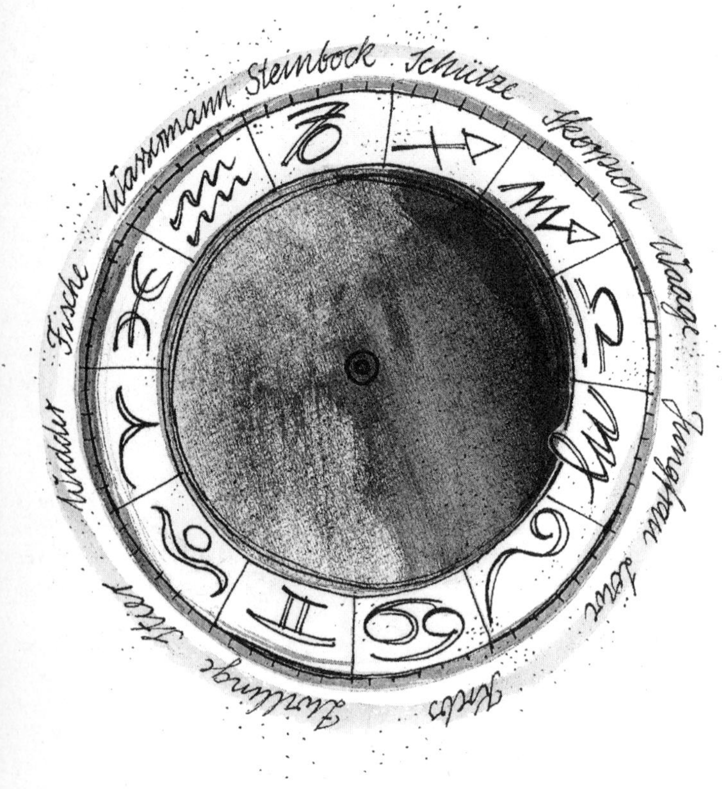


*Der astrologische Tierkreis besteht aus zwölf Tierkreiszeichen*

## WAS IST EIGENTLICH EIN TIERKREISZEICHEN?

Die Erde dreht sich bekanntlich einmal im Jahr um die Sonne. Von uns aus gesehen, scheint es aber so zu sein, daß die Sonne eine kreisförmige Bahn um die Erde beschreibt. Der Astrologie wird vielfach vorgeworfen, sie ignoriere diesen grundlegenden Unterschied. In Wirklichkeit ist er für die astrologischen Berechnungen und Horoskopdeutungen jedoch nicht von Bedeutung.

Diesen in den Himmel projizierten Kreis nennt man »Ekliptik«. Die Ekliptik wird in zwölf gleich große Abschnitte gegliedert, denen die Namen der zwölf Tierkreiszeichen zugeordnet sind. Zwischen dem 21. Januar und dem 19. Februar durchläuft die Sonne gerade den Abschnitt Wassermann, weswegen dieses Tierkreiszeichen auch Ihr »Sonnenzeichen« genannt wird.

Jedes Tierkreiszeichen symbolisiert bestimmte Charaktereigenschaften und Verhaltensweisen, die mehr oder weniger typisch für die in dem betreffendem Zeitraum geborenen Menschen sind. Wie schon im Vorwort angedeutet wurde, handelt es sich bei diesen Archetypen allerdings nur um *einen* Aspekt der Persönlichkeit, der durch die Aussagen ergänzt bzw. beeinflußt wird, die sich herleiten von dem individuellen Aszendenten und der Tierkreiszeichen-Stellung der anderen Planeten zum Zeitpunkt der Geburt (dazu später mehr). Für ein wirklich aussagekräftiges Horoskop müssen Sie also auch die übrigen Konstellationen berücksichtigen und sie mit Ihrem Sonnenzeichen in Beziehung setzen.

Ebenso wie der Kreislauf des Jahres wird die Bahn, welche die Sonne an einem Tag scheinbar um die Erde zurücklegt, in zwölf Abschnitte gegliedert. So können etwa Ihr Aszendent und damit der Anfang des ersten Hauses sowie die Mondposition gefunden werden.

In diesem Buch werden nicht alle, aber die wichtigsten Horoskopfaktoren sowie ihre Ermittlung und Bedeutung besprochen. Wenn Sie darüber hinausgehende Informationen wünschen, finden Sie eine Fülle spezieller Fachliteratur dazu. Die genauen Gestirnspositionen zum Zeitpunkt Ihrer Geburt können Sie zum Beispiel den vom Computer errechneten Horoskopzeichnungen entnehmen, die inzwischen von vielen Anbietern verschickt werden (siehe auch die Info am Ende des Buches).

Doch beginnen wir jetzt mit der Betrachtung Ihres Sonnenzeichens, um zunächst einmal herauszufinden, was denn nun »typisch Wassermann« ist.

## *Tierkreiszeichen Wassermann* – DER HINTERGRUND

Neun von zehn Menschen denken bei Wassermann an »Wasser«. Es stimmt zwar, daß die zwölf »Stern-« bzw. Tierkreiszeichen in vier Elemente unterteilt werden, nämlich in Feuer-, Erd-, Wasser- und Luftzeichen, aber der Wassermann gehört zum Luft- und nicht zum Wasserelement! Auch bei der Darstellung auf dem Umschlag dieses Buches könnte man an »Wasser« denken. Ist es aber nicht – oder zumindest nicht nur. Aus dem »kosmischen Krug« fließt viel eher »Lebensenergie« oder der »Odem der Schöpfung«. Doch sogar von Wassermännern selbst habe ich schon häufig diese irrtümliche Zuordnung vernommen. »Ich bin ein Wasserzeichen, darum lebe ich gern am Wasser ...«, so stellte sich mir vor einiger Zeit ein Vertreter besagten Zeichens vor. Einmal davon abgesehen, daß der Name ja nun wirklich den Bezug zum Wasser nahelegt, sagt dieser weitverbreitete Irrtum tatsächlich etwas über das Wesen der Menschen aus, die im Zeichen des Wassermanns geboren sind: Sie sind nicht das, was man denkt, bzw. sie sind anders, als sie sich selbst einschätzen. Und in irgendein Klischee wollen sie schon einmal überhaupt nicht gehören ... Das klingt nach außergewöhnlichen Menschen – und genau das sind sie! Jetzt sind wir auf der richtigen Spur.

Ich kenne viele Wassermänner. Das liegt vor allem daran, daß sie gern zum Astrologen gehen. Unter ihnen waren Künstler, Taxifahrer, Aussteiger, Menschen mit außergewöhnlichen Berufen wie Hellseher oder Duftthérapeuten, solche mit abgebrochenen Berufsausbildungen und sonstige Außenseiter. Aber ich kann mich an fast keinen Wassermann erinnern, der ein »normales« Leben bzw. einen konventionellen Beruf gehabt hätte. Gut, es waren auch Vertreter dieses Zeichens bei mir, die dem ersten Eindruck nach dem Klischee eines »normalen« Menschen durchaus entsprachen (zum Beispiel ein Lehrer, ein Bankangestellter), aber beim zweiten und genaueren Hinsehen offenbarte sich stets das Besondere und andere: Der Bankangestellte gab jeden Pfennig dafür aus, den Pilotenschein zu machen, der Lehrer wäre eigentlich viel lieber Astrologe ...

Um zu verstehen, warum Wassermänner buchstäblich in die Besonderheit – und manchmal auch Absonderlichkeit – drängen oder gezogen werden, ist es nötig, ein bißchen weiter auszuholen.

## DER ELFTE IM BUNDE

Im Tierkreis steht der Wassermann an elfter Stelle. Nun ist es in der Astrologie so, daß man ein Zeichen – beim einen mehr, beim anderen weniger – erst dann richtig versteht, wenn man es vor dem Hintergrund all der Zeichen betrachtet, die ihm vorausgehen. Jedes Tierkreiszeichen ist sozusagen eine logische Fortsetzung seines »Vorgängers«. Beim Wassermann muß man weit ausholen, denn vor ihm liegen zehn andere, und den Anfang macht der Widder (siehe die Abbildung der Ekliptik am Beginn von Teil I dieses Buches).

Der Widder symbolisiert den Neubeginn. Stellen Sie sich ein Ei vor, das gerade aufbricht, aus dessen Innerem sich ein neues Wesen mit aller Kraft nach außen, hinaus in das Leben drängt. Wenn das neue Lebewesen seinen ersten tiefen Atemzug genommen hat und auf seinen eigenen Beinen stehen kann, wird es beginnen, den Raum zu erobern. Das alles – Geburt, Anfang, Ausdehnung, Raumeroberung – gehört zum Tierkreiszeichen Widder. Irgendwann wird unser neugeborenes Wesen vielleicht einen bestimmten Platz als seinen eigenen erleben und durch entsprechende Vorkehrungen zu markieren versuchen. Damit beginnt das Stierprinzip: absichern, Fuß fassen, Raum nehmen, schützen.

Unser drittes Prinzip, Zwillinge, setzt in dem Augenblick ein, in dem wir anfangen, andere Lebewesen wahrzunehmen und mit ihnen Kontakt aufzunehmen.

Mit dem vierten Zeichen, dem Krebs, beginnt eine völlig neue Seinsebene, nämlich die des Fühlens oder »Sich-in-sich-selbst-Findens«. Auf der Entwicklungsstufe des Krebses erlebt sich der Mensch nicht als Macher (Widder), als Besitzer (Stier), als Begegnender (Zwillinge), sondern als Seiender. Wie gesagt: Er sucht und findet »sich in sich selbst«.

Diese Bewegung nach innen kehrt sich beim Zeichen des Löwen um. Nach der »Selbstfindung« entwickelt sich der Drang nach außen, der Wunsch, sich zu zeigen und andere in den Bann zu schlagen.

Mit dem sechsten Zeichen, der Jungfrau, entsteht wieder etwas Neues. Auf der Ebene des Löwen hat sich der Mensch – symbolisch gesprochen – als Einzelwesen erfüllt. Jetzt beginnt der mühsame Prozeß der Anerkennung einer anderen Realität als der eigenen. Aus astrologischer Sicht ist »das Leben« vom Zeichen Widder bis zum Löwen lediglich an sich selbst interessiert und aus sich selbst heraus motiviert. Alles andere, was außerhalb der eigenen Individualität existiert, dient nur dem eigenen Ich, der eigenen Befriedigung und Entwicklung. Ab der Stufe des Zeichens Jungfrau wird der Mensch sozial, er nimmt wahr, daß außerhalb seiner selbst eine andere Realität besteht, die genauso wichtig und wertvoll ist wie die eigene.

Auf der Ebene der Waage ist dieser Prozeß – bildlich gesprochen – »abgeschlossen«. In jeder Waage schlummert vom ersten Tag ihres Lebens an das Wissen um die Existenz der anderen und ihrer Gleichwertigkeit. Diesem Sachverhalt verleiht die Astrologie mit dem Bild der Waage die richtige Ausdruckskraft: Ich und du, wir schwingen um eine gemeinsame Mitte wie die Schalen einer Waage, wir sind Teile eines größeren Ganzen, wir befinden uns beide in einem Zustand des vollständigen Gleichgewichts.

Beim Skorpion setzt sich der Prozeß der Anerkennung einer anderen Wirklichkeit weiter fort: Das andere wird mächtiger und wichtiger als das Ich. Auf der Ebene des Skorpions wird der einzelne klein, das Übergeordnete, das andere außerhalb von ihm groß.
Geläutert durch diese Transformation des Egos, findet die astrologische Persönlichkeit auf der Ebene des neunten Zeichens im Tierkreis, des Schützen, die Kraft und die Gnade des wissenden Geistes.
Das zehnte Tierkreiszeichen ist der Steinbock. Dieser Persönlichkeitsaspekt symbolisiert folgendes: Alles Lebendige konzentriert sich, wird verdichtet, gemaßregelt. Der einzelne muß sich übergeordneten Prinzipien beugen, er wird formiert, wird »eine Nummer«, erfährt im schlimmsten Fall Zwang, Lähmung und Dunkelheit.
Das Prinzip des Wassermanns schließlich ist der Kontrapunkt dazu, die Aufhebung der Erstarrung, die Befreiung. Er ist stets gegen etwas, er ist der Rebell, der Andersdenkende, der Ausbrecher, der Außenseiter, das Genie, er ist der »Ver*rückte*«.
Erkennen Sie sich darin wieder ...?

## DER EWIG ANDERE

Sie müssen einfach anders sein! Sie empfinden das »hinter Ihnen liegende« Steinbockprinzip wie ein Gefängnis, dem Sie eben entkommen sind. Und vergleichbar einem zu Unrecht einbehaltenen und dann freigekommenen Sträfling ist Ihnen jetzt zum Tanzen zumute. Ja, Sie sind ein extravertierter, extremer, ekstatischer Mensch. Und irgendeine innere Stimme flüstert Ihnen zu, daß ebendiese Art zu leben für Sie die einzige Rettung vor dem Vergangenen, der Starre und Dunkelheit ist. In Ihnen tobt zuweilen ein regelrechter Kampf wider eine derartige Vergangenheit, den Sie dann gegen überkommene Autoritätsgefüge, Hierarchien, Sturheit, Starre und Lethargie ausleben.
In der Natur verhält es sich ähnlich. Zur Steinbockzeit, Ende Dezember und Januar, lastet der Winter gewöhnlich am härtesten über der nördlichen Erde. Der Schnee türmt sich mancherorts meterhoch auf, und eiskalte Stürme begraben ganze Landstriche unter einer weißen Decke aus Schnee und Eis.
Dann, ganz plötzlich, manchmal innerhalb einer einzigen Nacht, schlägt das Wetter um, und Tauwetter fällt über das Land. Das Eis

schmilzt, und die Schneewasser tosen ins Tal, tragen unter Umständen Hügel ab und ebnen die Landschaft ein. Tief im Innersten der Natur regt sich neues Leben. Wurzeln ziehen Wasser aus der Erde, es verteilt sich himmelwärts, die Äste und Zweige hinauf, bis es am Ende der Wassermannzeit dann die äußersten Spitzen erreicht.
Analog zum Verlauf der Jahreszeiten erwachen auch die Menschen im Februar gleichsam aus einem Winterschlaf. Überall feiert man das sich ausbreitende Licht der Sonne. In der wechselhaften Witterung – einmal klirrender Frost und Schnee, dann wieder ein plötzlicher Wärmeeinbruch – sahen die Naturvölker einen Kampf zwischen Winter und Frühling, den einmal die dunkle und dann wieder die helle Seite gewann. Für die einfache Seele verdichtete sich dieses Ringen in einen Kampf zwischen guten und bösen Geistern. Symbolisch ist dieses Geschehen etwa im Fasching oder Karneval eingefangen, dem wahrscheinlich wichtigsten Brauch der Wassermannzeit (zum Beispiel gilt während der Basler Fastnacht der ohrenbetäubende Lärm morgens um vier Uhr der Vertreibung der Wintergeister).
Der Kampf gegen das Böse, Dunkle, Enge, Muffige tobt in jedem Wassermann. Typische Vertreter dieses Zeichens wohnen lieber in oberen Stockwerken, öffnen automatisch Fenster und Türen und reagieren beinahe klaustrophobisch, wenn sie einen engen, dunklen Raum betreten sollen: Meine astrologische Praxis liegt im dritten Stock. Nach den Sitzungen begleite ich die Klienten zur Wohnungstür und weise sie in der Regel auf den Aufzug hin, der sich in unmittelbarer Nähe befindet. Neun von zehn Wassermännern sagen daraufhin: »Nein, danke, ich gehe lieber zu Fuß!«
Wassermänner leiden auch unter der »Geschlossenheit« von Situationen und der Dumpfheit des Denkens. Kaum etwas kann sie so schnell auf die Palme bringen wie eine engstirnige, verbohrte Einstellung. Er, der Wassermann, verkörpert das Leichte gegenüber dem Schweren, das Luftige gegenüber dem Dichten und Festen – was kein Widerspruch zur Zeichenqualität »fix/fest« ist. Er sehnt sich danach, sich gleich einem Vogel aus den Verstrickungen in den Widersprüchen des Lebens zu lösen und einfach davonfliegen zu können.
Letzten Endes steht das Prinzip Wassermann für den kosmischen Urknall, die kreative Explosion, die alles beendet und neu beginnen läßt – auch für den schöpferischen »Zufall«, dem wir vielleicht alle unsere Existenz verdanken, weil vor Jahrmillionen »zufällig« eine organische Verbindung entstand, aus der alles weitere Leben hervorgegangen ist.

*Der Wassermann schwebt immer etwas über dem Boden*

Entwicklung und Fortschritt sind ebenso Kinder des Wassermanns. Ohne dieses Prinzip würden sich die Menschen wahrscheinlich immer noch auf vier Beinen bewegen, ein Fell tragen, das Feuer, wenn überhaupt, mit Holzstäbchen entfachen oder auf einen Blitz warten, in Höhlen wohnen oder davon überzeugt sein, daß die Welt eine flache Scheibe ist, und andere Kontinente gar nicht kennen …
Wassermänner lieben es zu fliegen. Das schenkt ihnen die Illusion, der Schwerkraft ein Schnippchen zu schlagen. Der Wassermann Charles Lindbergh überflog als erster den Atlantik, die Wassermänner Hugo

Junkers und Auguste Picard waren bahnbrechende Pioniere der Luftfahrt. Unter den Privat- sowie den Berufspiloten unserer Tage gibt es Vertreter dieses Tierkreiszeichens en masse, und der Beruf der Stewardeß wird – neben den Schützen – am häufigsten von Wassermännern gewählt. Ich hatte einmal die Gelegenheit, an einer Podiumsdiskussion teilzunehmen, zu der auch zwei Astronauten geladen waren – beide waren Wassermänner.

Wenn sie nicht fliegen, wollen sie irgendwie anders hoch hinaus. In jedem Wassermann steckt ein Genie. Das heißt nicht, daß sie unbedingt intelligenter sind als die anderen elf Tierkreiszeichen. Aber sie sind »durchlässiger«, und das Besondere und Außergewöhnliche kann bei ihnen schneller und leichter geschehen. Genialität ist sozusagen ihr Überlebensprinzip; sie können gar nicht anders.

Normalität, das Ewiggestrige, Gehorsam, Unterordnung, Formierung sind für Wassermänner Qual und Lähmung zugleich. Sie müssen einfach protestieren, sie müssen sich gegen unsinnige Zwänge wenden. Ich bin immer wieder Wassermännern begegnet, die versucht haben, ihren rebellischen Geist zu beruhigen und sich einzugliedern in das Heer der Jeder- und Biedermänner. Aber ich habe darunter keinen glücklichen Wassermann gefunden.

Was gefällt Ihnen an einem Genie wie Wolfgang Amadeus Mozart? Sicher, daß er unsterbliche Musik geschrieben hat. Aber Sie wissen wahrscheinlich auch, daß er sich nie anpaßte. Mit der gesellschaftskritischen Oper »Le nozze di Figaro« etwa verspielte er sich die Gunst des tonangebenden aristokratischen Publikums. Er verachtete die Komponisten, deren Schaffen nur darauf ausgerichtet war, daß ihre Werke am Hofe ankommen. Mozart machte seine eigene Musik. Mozart war ein Wassermann.

Ich werde Ihnen einige weitere unsterbliche Namen nennen, um Sie noch vertrauter zu machen mit dieser einmaligen Energie, die man in der Astrologie »wassermännisch« nennt und die Sie, geboren zur Zeit des Wassermanns, so stark verinnerlicht haben: Thomas A. Edison ist der Pionier der Telekommunikation. Jules Verne stand mit seinen futuristischen Romanen am Beginn der Science-fiction und war seiner Zeit weit voraus; denken Sie nur an seine »Reise« *Von der Erde zum Mond* (1865). Charles Darwin revolutionierte die bis dahin herrschende Auffassung über die Entstehung und Entwicklung des Lebens. Dann der Dichter Georg Trakl, dessen Lyrik selbst das Unsagbare ausdrückt. Der geniale Maler Franz Marc – seine blauen Pferde sprechen beredt von der Unschuld des Tieres. Der unkonventionelle Autor und Dichter Bertolt Brecht, der den Unterdrückten eine Stimme gibt, und Germaine Greer, die den Frauen ein neues Selbstbewußtsein vermitteln will. Ein sicher noch nicht »unsterblich« gewordener, aber auf jeden Fall absonderlicher Wassermann ist Guildo Horn, Deutschlands Meistersänger des Jahres 1998. Seine völlig aus dem Rahmen fallenden Auftritte, die unerklärliche Begeisterung, die er bei seinen zahlreichen Fans auszulösen vermag – all dies ist »typisch Wassermann«.

Haben Sie Ähnlichkeiten mit Ihrer eigenen Person entdeckt? Können Sie sich allmählich vorstellen, wofür Sie geboren sind – und wofür nicht ...?

Ungelöst bleibt jetzt nur noch eine Frage: Was hat das alles mit dem Namen »Wassermann« zu tun? Hinter der Figur des Wassermanns steht in Wirklichkeit eine große ägyptische Mythenfigur oder Gottheit, der »Wasserschöpfer« oder »Ausschenker«. Diese Gestalt wurde von den Ägyptern hoch verehrt; sie galt als Verursacher der jeweils den ägyptischen Jahresanfang kennzeichnenden Überschwemmung des Nils. Dem fruchtbaren Nilschlamm verdankte das ägyptische Volk seine Existenz, seinen Reichtum und schließlich seine hohe Kultur. Weil es der Gott Wassermann Tausende von Kilometern entfernt im Hochland von Abessinien periodisch ausgiebig regnen ließ und diese Wassermengen zuerst über den Blauen und dann den eigentlichen Nil bis nach Ägypten gelangten, wurde das Wunder möglich, daß mitten in der Wüste Flußoasen entstanden, an denen dann eine Hochkultur erblühte.

## *Liebe, Sex* UND PARTNERSCHAFT

Wenn Wassermänner schon normalerweise immer auf dem Sprung sind, abheben wollen, nach den Sternen greifen, wie verhalten sie sich diesbezüglich dann erst in der Liebe? Nun, begehren sie jemanden, werden sie Kinder und Götter zugleich. Dann läuft die ganze Angelegenheit nur noch in begrifflichen Kategorien wie »grandios, kolossal, sensationell, megatoll, unsterblich« ...

Ich glaube nicht, daß es etwas Euphorischeres gibt als die Liebe eines Wassermanns. Aber ich denke auch, es gibt nichts Häßlicheres als die Szenen mit ihm nach einer gescheiterten Beziehung. So sind eben die typischen Luftzeichen. Was ihnen fehlt, ist Kontinuität, die Mitte. Bei Wasser- und Erdzeichen ist die Liebe niemals derartig grandios, aber dafür hält sich nach dem Ende der Partnerschaft auch der Haß in Grenzen. Gerechtigkeitshalber muß allerdings angeführt werden, daß es sich bei diesem Haß nicht um einen beständigen handelt. Er verschwindet eher früher als später genauso, wie der großartige Liebesrausch dahinging, und was schließlich bleibt, ist häufig eine sehr angenehme Freundschaft – und die kann dann für ihr Lebtag bestehenbleiben.

Ebenso muß angemerkt werden, daß Wassermänner fair sind. Niemals würden sie einem Menschen wirklich übel mitspielen wollen. Aber sie verfügen nur über eine ganz dünne, luftige und durchlässige Schutzschicht. Man trifft bei einem Wassermann ganz schnell den Nerv – und dann »schlägt er um sich«, vergißt seine außergewöhnliche Kinderstube, seinen Charme, seine heitere Lebensart.

Gefühle und Leidenschaften berühren die Wassermänner zwar, aber wühlen sie niemals so stark auf, wie dies zum Beispiel bei den Wasserzeichen Krebs, Skorpion oder Fische der Fall ist. Deswegen erfreuen sich Wassermänner meist einer inneren Harmonie und Heiterkeit, obwohl sie im Grunde ihres Wesens ziemlich unsicher und sogar eher ängstlich sind. Sie bewahren auch stets eine gewisse Distanz zu ihren Gefühlen und analysieren sie beinahe wie etwas Fremdes, nicht zu ihnen Gehöriges (»Mein Bauch sagt mir jetzt, daß ich ziemlich sauer bin ...«). Das bedeutet keinesfalls, daß sie kühl oder gefühllos wären. Sie erlauben sich alles. Aber der Dirigent all ihrer Gefühle und Stimmungen ist ihr Geist – und nicht irgendein reflexives, vegetatives Nervensystem!

Wie jedes Luftzeichen findet auch dieses leicht Kontakt und damit einen Partner. Ein Solo- oder Single-Wassermann sendet durch jede Pore seines Körpers Signale aus: »Ich bin frei, ich bin zu haben, ich habe Lust; wenn du auch Lust hast, laß uns doch etwas zusammen unternehmen ...« Und bei seinem Einfallsreichtum finden sich immer Mittel und Wege, den ersten Schritt so zu machen, daß der/die andere sich nicht verschließt.
Ein Wassermann, der längere Zeit allein ist, folgt einem anderen, ihm vielleicht selbst unbewußten Programm. Hier gibt das Geburtshoroskop womöglich Aufschluß. So kann es zum Beispiel sein, daß ein Wassermann den Mond oder den Aszendenten im Fischezeichen hat und von daher auch dem Wunsch folgen muß, allein zu sein.
Wo trifft man Menschen? Am meisten Beziehungen werden nach meiner Erfahrung immer noch im Beruf gestiftet. An zweiter Stelle kommen Sportvereine und heute in zunehmendem Maße auch Fitneßstudios. An dritter Stelle bei der Partnerrallye stehen Inserate. Wenn Sie ein Inserat aufgeben möchten, sollten Sie darin betonen, daß Sie ein freiheitsliebender Mensch sind, der Gleichgesinnte sucht. Das hält Kandidaten mit falschen Erwartungen ab und stellt von Anfang an die richtigen Weichen. Aufgrund meiner persönlichen Erfahrungen möchte ich Ihnen allerdings Mut machen und Ihnen sagen, daß Sie auch ohne Inserat keine Probleme haben werden, den Menschen zu finden, mit dem Sie in der nächsten Zeit glücklich sein werden.
Mehr zur Unterhaltung denn als Anregung gedacht ist das folgende aufschlußreiche Inserat eines typischen weiblichen Wassermanns, das ich in einer amerikanischen Zeitung gefunden habe: »Suchst du ein weibliches Wesen, das Mondspaziergänge liebt, gern am Wein nippt und Candlelight-Dinner vor einem offenen Kaminfeuer mag? Dann in drei Teufels Namen vergiß mich! Mit mir kannst du nachts durch die Innenstadt brausen und so laut Radio hören, daß überall die Leute empört aus den Fenstern hängen. Mit mir kannst du an der Küste von Madagaskar bei Sturm windsurfen und bei Windstille versuchen, im Dschungel Alligatoren zu kraulen. Wenn du es schaffst, vom Eiffelturm zu spucken, und dabei jemanden triffst, lass' ich mir sofort, noch auf dem Turm, ein Kind von dir machen ...«

*Der Wassermann liebt es, den Retter zu spielen*

## DIE BEZIEHUNGS- UND BINDUNGSFÄHIGKEIT DES WASSERMANNS

Beziehungsfähig ist der Wassermann allemal. In dieser Disziplin bekommt er, wie alle Luftzeichen, sogar eine Eins plus. Wie kein anderer stellt er sich auf sein Gegenüber ein, läßt ihm den Vortritt, ist ein guter Zuhörer, aber genauso auch ein gleichwertiger Partner, ist nie aufdringlich, jedoch keineswegs devot. Sein Charme, sein Witz, sein Wissen, all seine Bekanntschaften, seine Erlebnisse – keine Frage, mit einem Wassermann hat man das Gefühl, überall und immer in der ersten Reihe zu sitzen.

Nehmen wir an, Sie speisen mit einem typischen Wassermann zu Abend. Schon das Lokal, das er vorschlägt, ist ein Hit. Er kennt die besten Weine und Speisen, weiß einen herrlich zu beraten und auf eine Art zu betreuen, die nie peinlich ist. Die Zeit vergeht wie im Flug, Sie kommen in den Genuß der unglaublichen Leichtigkeit des Wassermanns, seines Esprits, seiner Bildung, seiner Weltoffenheit.

O ja, wenn Sie frei sind, wollen Sie mit ihm hinterher ins Bett, und es wird bestimmt eine phantastische Nacht. Mit einem Wassermann gibt es keine bösen Überraschungen und kein schlimmes Erwachen am nächsten Morgen. Sagt man dann: »Ciao, es war wundervoll mit dir – vielleicht bis zu einem anderen Mal ...!«, ist alles bestens, und man wird sich an diesen Abend, diese Nacht als einen Lichtpunkt erinnern. Aber wehe, falls an dem Abend und in der Nacht mehr passiert ist, wenn man sich verliebt hat und eine Bindung ansteuert. Sie rufen Ihren Wassermann an und sagen: »Hallo, Schatz, es war wunderbar, ich würde dich so gern wiedersehen!« Er hingegen wird antworten: »Ja, ich fand die Nacht auch wahnsinnig. Natürlich, ich will dich auch wiedersehen, ruf doch einfach an, wenn du Zeit hast.«
Eine feste Beziehung mit einem typischen Wassermann ist ein schwieriges Unterfangen. Sein Charakter zeigt tatsächlich eine gewisse Ähnlichkeit mit »Luft«; er ist in seinem Wesen transparent, scheint sich anderen gegenüber sehr leicht zu öffnen und löst sich dennoch, wenn man ihn einmal wirklich packen will, wie Luft ins Undefinierbare auf. Mit anderen Worten, ein Wassermann gibt seinem Partner nicht so leicht das Gefühl, daß man sich auf ihn verlassen kann. Da ist sein Beruf, der eigentlich immer vorgeht. Schließlich könnte er ja gerade an etwas arbeiten, was der ganzen Welt zugute kommt (ja, Wassermänner sind sehr überzeugt von sich und ihrem Tun). Muß da die Liebe nicht warten können? Und da sind seine Freunde, die einem Wassermann allemal mindestens genauso wichtig sind wie seine Liebesbeziehung – daß er seinen Freundesclan wie seine Familie betrachtet und zuweilen mit ihm richtiggehend verheiratet oder liiert zu sein scheint, das muß man als sein Partner in Kauf nehmen.
Ein Wassermann ist so lange interessiert, wie der Schimmer der Freiheit glimmt. Er ist ein Vogel, der lieber fliegt, als auf der Erde zu sitzen. Trotzdem hat er gern ein Nest. Und wenn darin jemand auf ihn wartet, der für ihn da ist, ihn aber niemals am Wegfliegen hindert, kehrt er bestimmt immer wieder in dieses Nest zurück.

## SIND WASSERMÄNNER GUT IM BETT?

Unter sämtlichen Tierkreiszeichen sind Wassermänner, das Thema Sex betreffend, zweifelsohne am freizügigsten, tolerantesten und experi-

mentierfreudigsten. Irgendwelche Tabus existieren für sie nicht. Einzig und allein der Mensch selbst bestimmt, was erlaubt ist und was nicht. Wenn etwas Spaß macht, darf es in den Augen eines Wassermanns nicht verboten sein. Natürlich steht die Achtung des anderen immer an erster Stelle. Es muß *beiden* Spaß machen, das ist die einzige Einschränkung eines Wassermanns. Da werden neue Stellungen ausprobiert, und wenn man's mag, kommt vielleicht noch etwas Sadomasochismus hinzu – immer das gegenseitige Einverständnis vorausgesetzt. Am Rande sämtlicher Tabuthemen darf man sich schon bewegen. Dazu gehört natürlich auch, daß man seinen sexuellen Phantasien freien Lauf läßt, sie erforscht und uneingeschränkt in die Tat umsetzt.
Das alles klingt ungeheuer frei: keine falsche Scham, keine falsche Moral, keine Hemmungen. Dazu paßt, daß man unter Wassermännern am meisten Menschen findet, die homosexuell sind und sich dazu bekennen. Warum auch nicht? In den Augen vieler Wassermänner scheint die Unterscheidung in »männlich« und »weiblich« ein Relikt aus der Vergangenheit zu sein: Der äußere Unterschied ist lächerlich klein und könnte ohne weiteres durch eine Operation beseitigt werden. Und einen inneren Unterschied gibt es in ihren Augen sowieso nicht. Also warum nicht einen Mann lieben, wenn man ein Mann ist, oder eine Frau als Frau?
Die große Freiheit des Wassermanns macht aber vielfach auch angst. Wie ich aus meinen astrotherapeutischen Sitzungen weiß, scheitern zahlreiche Beziehungen mit Wassermännern daran, daß eine sexuelle Freiheit vorausgesetzt wird, die in der Tiefe der Psyche des Partners nicht nachvollzogen werden kann. Spräche man offen darüber, wäre das alles kein Problem. Aber angesichts der aufgeklärten, emanzipierten Art eines Wassermanns getraut sich kaum jemand, mit seinen eigenen Ängsten und Schamgefühlen anzutreten. Eher ziehen sich die Partner dann von den Wassermännern zurück, haben weniger Lust und werden manchmal sogar krank.
Ähnliche Symptome treten aber auch bei den Wassermännern selbst auf, weil sie häufig in sich gespalten sind und mit dem Kopf etwas wollen, was ihre Psyche nicht mitzumachen bereit ist.
Ich will damit sagen, daß das Thema Sexualität auch beim aufgeschlossensten und vorurteilsfreiesten Wassermann ein heißes Eisen bleibt und entsprechend behutsam angefaßt werden muß, wenn die Sexualität als Quelle göttlicher Lust nicht eintrocknen soll.

## ÜBER DIE TREUE DES WASSERMANNS ...

Ist der Wassermann treu? »Was für eine Frage!« wird er antworten. »Meine Liebe zu dir ist so groß wie der Sternenhimmel, du bist meine Luft zum Atmen, du bist alles für mich ... Wie kannst du mich nur so etwas fragen?« Sie verstehen schon: Er ist Ihrer Frage elegant ausgewichen. Er hat Ihnen Sand in die Augen gestreut, aber so charmant, daß Sie ihm verzeihen können. Nein, ich will damit beileibe nicht sagen, daß er ein kleiner Hallodri oder gar Schwindler ist. Niemals! Sowenig er irgendwelche Beschränkungen seiner Freiheit, seines Denkens und seiner Lust akzeptiert, so hoch ist seine Ethik entwickelt. Der Wassermann mag unendlich übertreiben, er mag Geschichten erfinden, damit das Leben spannender und interessanter wird, doch er lügt nicht. Unwahrheit verachtet er. Aber er hat nicht gesagt, daß er treu sein wird. Er kann es auch nicht sagen, denn das wäre für ihn als Wassermann eine Bankrotterklärung. Besser, man insistiert nicht auf dieser Frage. Man treibt ihn damit nur in die Enge, und am Schluß sagt er dann Dinge, die er eigentlich gar nicht so meint.
Nun gut, er behauptet nicht, daß er treu ist. Ist er es aber? Die Antwort fällt nicht leicht. Auf der einen Seite ist der Wassermann ein Mensch, der von allen Tierkreiszeichen am verantwortlichsten mit Freiheit umgeht. Die anderen Zeichen werden, wenn die Gelegenheit zum Seitensprung da ist, sie wohl auch wahrnehmen. Nicht so der Wassermann. Aufgrund seiner hohen Ethik steht er zu seiner Liebe, weil er fühlt, daß eine solche Eskapade den Partner schmerzen und verletzen würde.
Von einem Wassermann hörte ich zum Beispiel die folgende Geschichte: Er, seine Freundin und ein befreundetes Paar waren zusammen in Griechenland im Urlaub. Bei der Rückreise passierte ein Mißgeschick, das dazu führte, daß er und die Frau seines Freundes das Flugzeug versäumten und, da Hochsaison war, fünf Tage lang gemeinsam in einem Hotel auf den nächsten Flieger warten mußten. Es gab nur noch ein einziges, romantisches Doppelzimmer am Meer, wie geschaffen für eine amüsante, süße Verlängerung des Urlaubs, und sie hatten fünf Tage und Nächte für sich. Die Frau sah verführerisch aus, und er war ein typischer Wassermann: charmant, zuvorkommend, sexy, witzig. Was geschah? Nichts! Und das war eindeutig der Standhaftigkeit des Wassermanns zu verdanken. Die Frau hingegen, eine Zwillingepersönlichkeit, war schon am zweiten Abend nach dem drit-

ten Glas Retsina dazu bereit, auf die andere Hälfte des Doppelbetts zu schlüpfen.
Das ist die eine Seite. Man muß sich also über die Treue eines Wassermanns vielleicht weniger Gedanken machen als über diejenige anderer Tierkreiszeichen. Die andere Seite ist die, daß ein Wassermann sich immer auf der Suche nach noch mehr Freiheit befindet. Das heißt auch, daß er in dem Maß nach anderen Partnern Ausschau hält, wie der eigene anfängt, ihn zu gängeln und zu beengen ...

## SO HÄLT MAN WASSERMÄNNER BEI GUTER LAUNE

Fangen wir einmal damit an, zu sagen, wie Sie dem Wassermann die Laune gründlich verderben könnten: Kritteln Sie an ihm herum, seien Sie grantig, unwirsch, beleidigt, machen Sie ihm Vorwürfe, daß er zuwenig auf Sie eingeht, zu lieb- und treulos ist – und Sie haben nicht nur einen schlechtgelaunten Wassermann, sondern bald überhaupt keinen mehr. Harte Kritik, Vorwürfe, Ablehnung – alles kann er hinnehmen, aber es muß Schluß sein, nachdem es ausgesprochen ist, und darf nicht dahingehend ausarten, daß Sie etwa ständig mit einem vorwurfsvollen Gesicht herumlaufen. Schwamm drüber! Gegessen! Das sind seine Lieblingsworte.
Gut, kommen wir jetzt zu dem, was der Wassermann mag. An erster Stelle stehen Überraschungen. Egal, was, wenn es nur nicht geplant ist – der Wassermann gerät aus dem Häuschen. Sie könnten einen Test machen (ich habe ihn schon mehr oder weniger ausgeführt): Würden Sie um drei Uhr morgens bei allen zwölf Tierkreiszeichen, guten Freunden, anrufen und zum Beispiel sagen, daß Sie gerade ganz stark an den jeweiligen Freund gedacht hätten und wissen wollten, ob es umgekehrt – könnte ja sein – genauso wäre, außerdem hätten Sie auch noch ein nettes Fläschchen Wein, das man bei der Gelegenheit ja jetzt zusammen trinken könnte ... Ich wette, der Wassermann wird der einzige sein, der nicht beleidigt auflegt (Stier, Krebs, Skorpion), sich entschuldigt – »Sonst gern ...!« –, weil am nächsten Tag soviel zu tun sei (Jungfrau, Schütze, Fische), nichts versteht und wieder auflegt (Löwe), die Freundschaft aufkündigt (Steinbock) oder leider schon mit jemand anderem feiert (Zwillinge, Widder und Waage)!

Womit Sie einen Wassermann noch über alle Maßen glücklich machen können, ist, ihn mit Großzügigkeit, Pomp und einem gewissen Kult zu verwöhnen. Irgendwie ist er ja ein Snob, auf der Höhe des Zeitgeists, eine(r) aus der Schickeria, der High-Society ... Jeden, der ihm auch nur den Hauch der großen weiten Welt präsentiert, schließt er in sein Herz, er entlockt ihm Begeisterungsstürme oder – wie er es nennen würde – Standing ovations ...
Auch Herzlichkeit und Natürlichkeit machen ihn selig. Sein ganzes Dasein ist letztlich ein ewiger Kampf gegen das Alltägliche, Normale, Biedere und Einfache. Und trotzdem – oder gerade deswegen – haut es ihn schlichtweg um, wenn jemand daherkommt und ehrlich, ganz einfach und natürlich zu ihm sagt: »Ich hab' dich lieb!«
Schließlich doch noch eine Warnung – und nur an die Leser*innen* gerichtet –: Versuchen Sie Ihren Wassermann nie über ein Kind zu angeln. Das mag vielleicht bei den Wasserzeichen Krebs, Skorpion und Fische klappen. Ein Wassermann ist in einem solchen Fall schneller auf und davon, als Sie bis drei zählen können.

## WIE GUT WASSERMÄNNER ALLEIN SEIN KÖNNEN

Ob Wassermänner gut allein sein können, ist in 99 von 100 Fällen eine rein theoretische Frage. Denn ein typischer Wassermann ist fast nie allein. Er hat ein Heer von Freunden, er braucht nur aus dem Haus zu gehen, schon grüßt ihn jemand und lädt ihn auf einen Drink oder eine Tasse Kaffee ein, und wenn er in seine Stammkneipe geht, nennt er fast jeden zweiten seinen »besten Freund«. Er arbeitet grundsätzlich im Team. Und verreist er, trifft er »zufällig« einen Menschen, der jemanden kennt, mit dem wiederum er bekannt ist – und schon befindet man sich mitten im Gespräch.
Nein, ein Wassermann ohne viele Menschen in seiner nächsten Umgebung ist die Ausnahme. Diejenigen Wassermänner, die allein sind, haben irgendeinen ganz anderen Aszendenten, oder ihr Mond steht in einem völlig widersprechenden Zeichen. Aber der Wassermann ist auch kein »Herdentier«, eine solche Behauptung würde er entrüstet von sich weisen. Er ist ein ausgeprägter Individualist, kein Vereinsmeier, eher der Typ Clubmitglied der feinen (englischen) Art ...

## DER MÄNNLICHE WASSERMANN AUF DEM PRÜFSTAND

So, jetzt kennen Sie also einen typischen Wassermann und möchten mehr über ihn wissen. Vorneweg gesagt, haben Sie es mit einem Charmeur zu tun. Er verfügt über alle Attribute, denen Frauen so gern erliegen. Insbesondere seine Verspieltheit, seine Leichtigkeit, diese Gabe, im richtigen Moment das Richtige zu sagen, öffnet ihm sämtliche Herzen. Ist er nicht einer der ganz wenigen, die dem grauen Alltag kleine, bunte Glanzlichter aufsetzen können?
Er kümmert sich rührend um Sie, umsorgt Sie wie eine Mutter. Er führt Sie aus und zeigt Ihnen die große weite Welt, so, wie Sie es sich immer von Ihrem Vater gewünscht haben. Aber er ist noch viel mehr: ein witziger Eroberer und ein glänzender Unterhalter, der es fertigbringt, verstaubtes Kavalierstum und hochaktuelle Nonchalance miteinander zu verbinden, und im Bett bietet er die einzig erträgliche Mischung aus Softiequalitäten und Machoallüren.
Also, warum in aller Welt sollten Sie sich diesen Kerl nicht sofort schnappen und zum Traualtar führen? Weil Ihnen irgendein inneres Gefühl sagt: »Warte, da stimmt was nicht! Dieser Mensch ist zu perfekt. Wieso ist er überhaupt noch zu haben, wenn er doch so göttlich ist?« Und mit dieser Einschätzung liegen Sie vollkommen richtig. Der Mann hat Fehler, und es ist besser, Sie kennen sie, bevor es völlig um Sie geschehen ist.
Dieser tolle, selbstbewußte, starke, lebenslustige, erfahrene, erfolgreiche Wassermann wird womöglich sein Leben lang von innerer Unruhe verfolgt, vom Syndrom »Zeitmangel« gepeinigt und dem Schreckgespenst »Hypochondrie« gequält. Ein Wunder sowieso, daß es ihn überhaupt noch gibt bei so vielen Wehwehchen, die ihn plagen. Doch sein möglicherweise ärgster Fehler ist die Neigung zu emotionaler Schaumschlägerei. Der Wassermann greift schnell in die Gefühlskiste, und er greift ebenso schnell daneben. Seine Liebesschwüre und Leidensbekenntnisse kommen ihm leicht und ungehindert über die Lippen und wirken früher oder später unecht und unnatürlich, und vor allem sind sie mit der Zeit einfach Wiederholung. Erstaunlich ist auch die Verwandlung, die Sie mit ihm erleben werden, wenn einmal der Rausch des Verliebtseins vorüber ist: Vorbei die erotischen Höhenflüge, die kreativen Lust- und Liebesbeweise! Im sicheren Ehehafen gelandet, genießt die Partnerin des Wassermanns genausoviel bzw. -wenig

Aufmerksamkeit und Wertschätzung wie jede x-beliebige Frau: Sie dient vor allem zur Verewigung seiner Erbmasse und als ruhender Pol im aufregenden und aufreibenden Leben des Vielumworbenen. Denn die Frauen werden ihn auch weiterhin »umschwirr'n wie Motten das Licht« – selbst wenn sie entdeckt haben, daß er ein Illusionskünstler ist, der (das hat mir einmal die Ehefrau eines Wassermanns gesagt, und ich muß hinzufügen, daß sie es eher witzig gemeint hat) »alles im Schaufenster und nichts im Laden hat«. Eine 180-Grad-Wendung also, die jede Frau vor ein Rätsel stellt. Steckt im Wasser- am Ende doch ein Biedermann?

Natürlich, auch, wie sollte es anders sein? Viel Licht wirft allemal viel Schatten! Eine Frau, die den »tollen« Wassermann liebt, muß auch den »biederen« Teil mitnehmen, als Kehrseite der Medaille sozusagen. Und sie darf »ihren« Wassermann dann auch nicht ständig an seiner Schokoladenseite messen; das wäre wirklich ungerecht.

Davon abgesehen handelt es sich hier um eine idealtypische Beschreibung. Beim *wirklichen* Wassermann ist bestimmt weder die eine noch die andere Seite so deutlich ausgeprägt. Last, not least: Ist das »Hokuspokus« eines Wassermanns nicht immer noch amüsanter als die langweilige Wahrheit phantasieloser Realisten …? – Sie haben die Wahl!

*»Frauen umschwirr'n ihn wie Motten das Licht…«*

Haben Sie eine typische Wassermannfrau erobert? Herzlichen Glückwunsch! Sie haben eine Freundin, eine Frau, eine Geliebte, eine Mutter, eine Tochter, vor allem aber einen tollen Kumpel gefunden. Und weil Sie soviel bekommen, dürfen Sie jetzt nicht den Fehler machen und eine der »Rollen« herauspicken und ausschließlich beanspruchen. Zum Beispiel wäre es ganz bestimmt das Ende Ihrer soeben begonnenen Liebe, wenn Sie gleich daran dächten, diese Frau zu heiraten oder hauptsächlich als zukünftige Mutter Ihrer Kinder in Erwägung zu ziehen. Nicht, daß dies ausgeschlossen wäre, aber Ihre Wassermanngeliebte huldigt sehr wahrscheinlich dem Motto, daß Liebe nur so lange schön ist, wie sie zwischen freien Menschen geschieht. Sie ist sicher, die Liebe ihrer Eltern scheiterte daran, daß sie geheiratet hatten – und diese Erfahrung möchte sie sich und Ihnen ersparen.

Und Kinder? Die Hälfte aller Wassermannfrauen will keine eigenen Kinder. Sie könnten jederzeit ein Kind adoptieren, aber ein eigenes mit den Konsequenzen dicker Bauch, dicke Brüste, stillen ...? Ist das nicht alles furchtbar antiquiert? Die andere Hälfte der Wassermannfrauen sieht das etwas ungezwungener. Aber richtig begeistert sind wohl die allerwenigsten (und die haben bestimmt den Mond oder den Aszendenten im Krebs oder auch Skorpion). Nichts aber ist ein für allemal fest für eine Wassermannfrau. Vielleicht sagt sie eines Tages von selbst: »So, jetzt will ich ein Kind mit dir!«

Also, vergessen Sie nie, daß diese Frau viele Rollen beherrscht. Erwarten Sie auch nicht, daß sie immer dieses tolle Weib bleibt, als das Sie sie kennenlernten. Sagen Sie ihr nie einen Satz wie: »Mein Gott, warst du scharf, als wir uns kennenlernten; hast du nicht gleich gefragt, wie ich's am liebsten haben wollte. Und jetzt ...?« Ja, das war so, und sie hat es gern gemacht, aber nun ist etwas anderes wichtiger. Jetzt ist sie Ihr Kamerad, und Sex spielt eine untergeordnete Rolle. Wundern Sie sich auch nicht, wenn sie wieder den Vamp spielt, sobald Ihre Freunde dabei sind: Sie tut es Ihnen zuliebe.

Was sie von Ihnen erwartet? Daß Sie nie ganz normal werden! Sie bewundert nun mal Außenseiter, Abenteurer, Flugzeugpiloten, Zirkusartisten, Musiker und Poeten. Irgend etwas Derartiges muß auch an Ihnen dran sein, sonst hätte sich diese Frau nicht in Sie verliebt. Also, lassen Sie sich etwas einfallen – oder Sie verlieren sie über kurz oder lang.

Hat sie nicht auch richtig schreckliche Seiten? Na ja, sagen wir mal schrecklich nervige: Eine typische Wassermannfrau ist mit der Zeit beim Sex fürchterlich verkopft, das wird meistens lustig sein, zuweilen aber richtig »abtörnend«. Sie ist ein bißchen gefühlskalt und furchtbar anspruchsvoll. Und sie hat bestimmt das Zeug, um eine gute Kinderbuchautorin zu werden – aber sie wird für ihre eigenen Kinder nicht soviel Zeit haben.

## UND SO KLAPPT'S MIT ALLEN ANDEREN

Im folgenden wird das Beziehungsspiel zwischen dem Wassermann und den zwölf möglichen Partnern des Tierkreises durchleuchtet. Dazu muß etwas Grundsätzliches gesagt werden: Es gibt keine Kombination, die unmöglich ist. Mit anderen Worten, wenn Sie ein Wassermann sind, können Sie's mit allen, egal, ob Löwe, Waage oder Krebs. Allerdings verlangt jede Partnerschaft einen bestimmten Preis. Bei manchen Kombinationen heißt der Preis Ruhe oder Entspannung, bei anderen braucht man vielleicht mehr Zeit. Auch ist es von Fall zu Fall möglich, daß man mit einem bestimmten Partner in eine Krise gerät und dann etwas unternehmen muß, um die Krise gemeinsam zu bewältigen. Es gibt keine Kombination, die nur positiv ist. Es gibt allerdings solche, die bequemer sind als andere. Wer aber will entscheiden, ob Bequemlichkeit in jedem Fall ein erstrebenswertes Gut ist?

### *Wassermann* UND WIDDER

Beide sind ausgesprochen extravertierte Geschöpfe. Ein Zusammentreffen verdoppelt ihre Schubkraft und erlaubt Geniales, reizt zu Höhenflügen und kitzelt Exzesse hervor. Irgendwann allerdings ist der Honeymoon vorbei und der Saft raus. Dann trennen sich die meisten und suchen einen Partner, mit dem es wieder genauso funkt. Diejenigen, die zusammenbleiben, durchlaufen eine Phase der Angst: Liebt er/sie mich auch, wenn wir nicht auf Wolke sieben schweben? Mit der Zeit entsteht eine Freundschaft und Seelenliebe, und man erklärt sich zu Mann und Frau, die zusammengehören – manchmal für immer!

##  *Wassermann* UND STIER 

Verschiedener geht's nicht! Der Stier ist die Personifizierung des Erdelements: solide, klar, konservativ. Der Wassermann ist die luftigste Ausgeburt des Luftelements: unbestimmt, modern, rege. Man kann sich also vorstellen, wie eine derartige Beziehung im ungünstigsten Fall abläuft: Der Wassermann wirft dem Stier vor, nicht über seinen Tellerrand zu schauen; der Stier wiederum hält den anderen für einen Hochstapler und Blender. Natürlich gibt es da auch noch diese ungeheure Sinnlichkeit, die der Stier aus jeder seiner Poren verströmt. Und ist der Wassermann nicht auch ein genialer Erfinder, der den Traum des Stiers vom »Häuschen mit Garten« realisieren könnte? Mit anderen Worten, man kommt doch immer wieder zusammen und versucht sein Glück. Tatsächlich bräuchte ein Wassermann nichts nötiger als die erdige Verbundenheit eines Stiers, damit er seine Ideen auch verwirklichen könnte. Dem Stier wiederum täte etwas Nachhilfeunterricht in flexibler Geisteshaltung genausogut. Dennoch, ich kenne viele derartige Beziehungen und Freundschaften, aber kein einziges Paar, das es über längere Zeit geschafft hätte. Dies muß nicht heißen, daß es ein solches Paar nicht gibt. Und selbst wenn, sollte das niemanden davon abhalten, es dennoch zu probieren …

##  *Wassermann* UND ZWILLINGE 

Diese Verbindung ist ein sprühendes Feuerwerk, eine Mischung, die Champagner ähnelt. Ein exzentrisches Paar par excellence! Der Wassermann findet im Zwillingegeborenen genau den Partner, der seinen innersten Wünschen entspricht. Aber er fühlt sich ihm auch insgeheim überlegen, ist selbstbewußter und weiß, was er will. Das kann dazu führen, daß Zwillinge sich, um sich zu beweisen, bei anderen Sexpartnern »Stärkung« holen. Bei Konflikten ist es daher wichtig, der Frage nachzugehen, wie sehr jeder den anderen anerkennt und wie sehr sich jeder vom anderen als »Mann« bzw. »Frau« geschätzt weiß.

## *Wassermann* UND KREBS

Krebse, die sich ihre weiche, gefühlvolle Seite bewahrt haben und nicht gleich mondsüchtig oder schlabberig wie ein Wackelpudding sind, setzen den Wassermann restlos in Verzückung. Endlich findet er, was er insgeheim immer gesucht hat: ein Nest, Geborgenheit, Ruhe und Frieden. Auf der anderen Seite ist ihm der Krebs natürlich höchst suspekt: ein Wesen, das mit dem Mond geht, das Kinder möchte, das sich von Gefühlen leiten läßt – wie unzeitgemäß! So huldigt der Wassermann einerseits dem Krebs, hebt ihn auf den Thron, betet ihn fast an, auf der anderen Seite kämpft er gegen ihn und versucht, ihm bei jeder Gelegenheit zu beweisen, daß er falsch liegt. Eine Haßliebe also, und die Frage ist, was auf Dauer überwiegt. Umgekehrt ist für einen Krebs der Wassermann wie ein Mensch von einem anderen Stern, der ihn mit der Welt draußen verbindet und in seiner häufig verschlossenen Innenwelt endlich Fenster und Türen öffnet. Aber natürlich hat der Krebs weder Lust, als Start-und-Lande-Bahn für die hochvoltigen Abenteuer des Wassermanns mißbraucht zu werden, noch mag er seine ständigen »Wechselbäder«.

## *Wassermann* UND LÖWE

Wassermann und Löwe liegen sich im Tierkreis genau gegenüber. Damit besteht zwischen den beiden Tierkreiszeichen einerseits der größte Unterschied, andererseits die stärkste Anziehung. Der Löwe ist selbstbewußt, ichbezogen, fühlt aus seinem Bauch heraus und lebt nach seinem Herzen. Der Wassermann orientiert sich an seinen Vorstellungen und Idealen und kreiert dazu passende Stimmungen. Der Löwe fühlt sich als erhabener König, als archaische Führerfigur, der Wassermann sieht sich gleichgestellt mit all jenen, die so sind wie er. Begegnen sich Wassermann und Löwe, dann findet der Wassermann sein Herz, seine Natürlichkeit, seine wahre Liebe. Der königliche Löwe wiederum verliert auf charmante Art und Weise zwar seinen Hofstaat, erhält dafür einen Freund. Beide können zusammen wunderbar leben, lieben und Karriere machen. Beide besitzen auch ein großes Maß an Toleranz und können so das Gefühl von gegenseitiger Gängelei vermeiden. Das erspart ihnen natürlich nicht die Eifersucht, aber instinktiv wissen beide auch, daß sie jeweils der Idealtyp des anderen sind.

## *Wassermann* UND JUNGFRAU

Könnte man die Seele einer Jungfrau fragen, was sie wirklich für einen Partner möchte, sie würde antworten: »Ein Wesen, das so verspielt ist wie ich. Das so liebt wie ich – so rein, so unkompliziert, so leicht. Ich will einen Seelenpartner, der meine Einsamkeit aufbricht, mich nicht allein läßt und mich trotzdem so lassen kann, wie ich bin!« Natürlich gibt es keinen Menschen auf der großen weiten Welt, der diesem hohen Ideal entspräche. Aber der Wassermann kommt ihm sehr nahe. Er ist so intellektuell wie die Jungfrau und hegt gegenüber leidenschaftlichen Emotionen ein tiefes Mißtrauen. Zwischen beiden kann daher eine wundervolle Partnerschaft entstehen, auch wenn es in der astrologischen Literatur häufig heißt, sie würden nicht zusammenpassen. Es besteht allerdings auch eine große Gefahr: Beide sind, wie gesagt, keine »Gefühlsbolzen«; und zweimal ein Minus ergibt in diesem Fall kein Plus. Von daher vermag sich allmählich eine regelrechte Gefühlskälte einzuschleichen. Ein gemeinsames Kind könnte dieser Beziehung die emotionale Wärme schenken, die ihr fehlt. Aber die Regel ist eher, daß beide sich gegen ein Kind und für ihre Karriere entscheiden. Selbst wenn ein Kind kommt, wird die Zeit seines Heranwachsens mehr als eine Übergangsphase denn als ein wirklich anderes Stadium erlebt.

## *Wassermann* UND WAAGE

Beide Menschen passen zwar wunderbar zusammen, sie ergänzen sich, haben das gleiche astrologische Element Luft, sprechen dieselbe Sprache, und trotzdem wird man nicht allzu viele Beziehungen mit diesen beiden Tierkreiszeichen finden. Einfach deswegen, weil die zweifache Luft zuwenig bodenständig und bindungsfähig macht. Treffen sich diese Menschen, werden sie voneinander unwiderstehlich angezogen, sie werden sich wie in einem Rausch ineinander verlieben, aber dann an der alltäglichen Routine scheitern. Ich kenne allerdings ein Paar, das jetzt schon über zwanzig Jahre zusammenlebt und sich immer noch prima versteht. Ihr Geheimnis besteht darin, daß jeder von ihnen einen völlig luftigen, chaotischen Beruf ausübt (er, die Waage, ist Fotograf; sie, der Wassermann, ist beim Film). Wenn sie sich nach Erledigung ihrer Jobs wieder treffen, sind sie erst einmal froh, daß sie Ruhe und Harmonie finden, und diesen Wunsch können sie sich wunderbar erfüllen.

## *Wassermann* UND SKORPION

Bei diesem Paar fragt es sich, wer eigentlich mutiger ist: der Wassermann, der sich mit einem Wesen einläßt, das nicht wie er nach dem Licht, sondern nach der Dunkelheit trachtet und jedem gegenüber grundsätzlich mißtrauisch ist. Oder der Skorpion, der ein möglicherweise geniales, aber in jedem Fall völlig verkopftes Wesen liebt. Man merkt's schon, das Ganze sieht nach Dramen, Höllenqualen und einer Wahnsinnsliebe aus. Warum sollten sich zwei derartig widersprüchliche Menschen zusammentun? Wahr ist, daß es meistens des Sex wegen geschieht. Der Skorpion ist besessen von Leidenschaft. Der Wassermann liebt exzessives Experimentieren. Wahr ist aber ebenso, daß jeder im anderen seinem eigenen Schatten begegnet. In der leichten, luftigen, verspielten Seele des Wassermanns lebt auch ein dunkles, mißtrauisches Tier. Und der dem Kult des Schweren nachhängende Skorpion verbirgt einen völlig anderen, luftigen Menschen in sich. Klar, niemand mag sich ständig mit seinem Schatten herumschlagen. Daher dauert diese Begegnung in der Regel eine Nacht, ein paar Nächte, einen gemeinsamen Urlaub lang. Die wenigen Menschen, die es schaffen, ihren eigenen Schatten im anderen zu lieben, und daher eine Partnerschaft eingehen, finden allerdings etwas Großartiges – eine Beziehung, aus der jeder der beiden einen großen Gewinn zieht.

## *Wassermann* UND SCHÜTZE

Der Schütze bringt Feuer und damit Wärme und Inspiration. Das alles wirkt auf den Wassermann wie literweise Kaffee, wie ein Aphrodisiakum: Er wird noch angeregter, lebendiger, genialer ... und verliebter. Der Schütze wiederum profitiert von der Selbstsicherheit des Wassermanns. Eigentlich hat dieses Paar nur ein einziges Problem, nämlich mangelnden Bodenkontakt. Beide leben so stark in der Phantasie – im Geist, in der Zukunft, überall anderswo, nur nicht hier und jetzt auf dieser Erde –, daß eine Partnerschaft auf Dauer große Probleme aufwirft, weil jeder beim anderen die mangelnde Erde und damit Sicherheit sucht. Ich habe einmal mit einem derartigen Paar über längere Zeit eine Partnertherapie durchgeführt, bei deren Erfolg letztlich der »Zufall« entscheidend war: Die beiden bekamen ein Kind, und zwar ein Erdzeichen, nämlich einen Stier.

## *Wassermann* UND STEINBOCK

Es gibt Wassermänner, die »total« auf Steinböcke »abfahren«: Der Partner sei so »cool«, zuverlässig, standhaft, sich seiner selbst so sicher. Es gibt aber auch Wassermänner, die die Hände über dem Kopf zusammenschlagen, wenn sie nur in die Nähe eines Steinbocks geraten: zu verschlossen, zu spießig, zu langweilig! Umgekehrt ist es ähnlich. Für die Hälfte aller Steinböcke verkörpert der Wassermann Eigenschaften, nach denen er schon immer sucht: extravertiert, leicht, luftig, kommunikativ. Die andere Hälfte hält Wassermänner für oberflächlich, naiv und kindisch. Wie so häufig im Leben gehen sowohl die schwärmerischen als auch die ablehnenden Beurteilungen am Kern vorbei. Wahr ist, daß Wassermänner und Steinböcke nur mühsam zusammenkommen, beide sich aber so viel zu geben haben – der eine Erde, der andere Luft –, daß eine Freundschaft ein Gewinn ist. In einer Partnerschaft geht es allerdings noch um andere Dinge als darum, voneinander zu lernen, nämlich auch Ausgleich und Entspannung zu finden. Und daran mangelt es diesem Duo.

## *Wassermann* UND WASSERMANN

Gäbe es so etwas wie eine Hitparade bei den Sternzeichenpaaren, würde diese Kombination auf Platz eins stehen. Zwei Wassermänner passen zusammen wie Deckel und Topf, Milch und Kaffee. Sie teilen ihre Ansichten über das Leben und die Liebe. Sie träumen beide dieselben Träume von einem erfüllten, aufregenden, schicken Leben, haben einen ähnlichen Geschmack, sind gern in (bester) Gesellschaft und mögen (und hassen) dieselben Menschen. Ihre Genialität verdoppelt sich, ebenso ihr Witz und ihr Charme. Natürlich verdoppeln sich auch Angst und Unsicherheit: Wenn nicht wenigstens einer einen erdigen Mond oder Aszendenten (Stier, Jungfrau, Steinbock) besitzt, fehlt der Halt, die Schwerkraft, die Bleibe, und dieses wunderschöne Paar treibt – leider – unweigerlich auseinander …

## *Wassermann* UND FISCHE

Ihre Gemeinsamkeit ist ihre große, weite, aufgeschlossene Seele. Alles findet darin Platz. Das hilft ihnen mehr oder weniger über die zahlreichen Probleme und Schwierigkeiten hinweg, die diese Verbindung zwischen Luft und Wasser mit sich bringt. Aber es gibt einen markanten Unterschied: Wassermänner sind extravertiert, reden viel und fühlen sich unter anderen Menschen am wohlsten. Fische sind introvertiert und fühlen sich auch allein pudelwohl. Das kann zu einem so großen Problem werden, daß beide nicht mehr zusammenleben können. Ich kenne allerdings einige solcher Paare, die es geschafft haben zusammenzubleiben, in einem Fall sogar schon über dreißig Jahre. Verschweigen möchte ich dabei allerdings nicht, daß ihr Weg mit Dramen gepflastert ist. Außerdem haben beide ihren eigenen Bereich: Der Wassermann ist Moderator beim Rundfunk, kann also ewig quasseln, der Fisch ist Chemiker und sitzt manchmal stundenlang vor seinen Reagenzgläsern und schweigt!

## *Gesundheit* UND FITNESS

In der astrologischen Medizin ordnet man jedem Tierkreiszeichen andere Körperregionen, physiologische und psychologische Funktionsweisen und entsprechende Krankheitsdispositionen zu. Dies bedeutet, es bestehen verschiedene Neigungen zu unterschiedlichen Störungen und Erkrankungen; das heißt aber noch lange nicht, daß bei jedem Tierkreiszeichen auch tatsächlich die ihm im folgenden zugeordneten Krankheiten auftreten werden.

**Körperliche Entsprechungen** Waden, Schienbein, Sprunggelenk, Knöchel, Ferse, Herz, Kreislauf, Sexual- und Zeugungsorgane

**Psychologische Entsprechungen** Konzentration, Wendigkeit, Kreativität, Aufrichtigkeit, Freundschaft

**Krankheitsdispositionen** Herzphobie, Herzrhythmusstörungen, Hypertonie (erhöhter Blutdruck), Konzentrationsstörungen, Kreislaufprobleme, Menstruationsprobleme, Neurosen, Obstipation (Stuhlverstopfung), Prostataschwellung, Schwangerschaftsabbruch, Sexualstörungen, Unterschenkelbruch, Unterschenkelschmerzen, Uterussenkung, Zysten

### TYPISCHE KRANKHEITEN DER WASSERMÄNNER

Wassermänner neigen unter anderem zu den verschiedensten Beschwerden in Zusammenhang mit den Unterschenkeln. Damit Sie die Logik, die hinter einer solchen Zuordnung steckt, und die psychosomatischen Ursachen der Symptome besser kennenlernen können, seien hier einige wichtige und häufige Probleme von Wassermännern genannt.

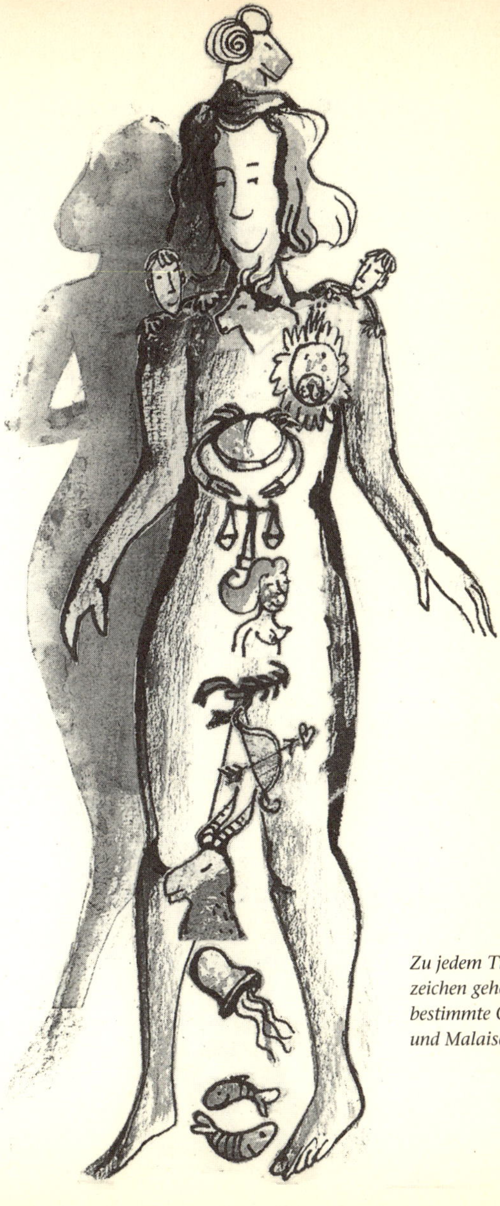

*Zu jedem Tierkreiszeichen gehören bestimmte Organe und Malaisen*

## *Über die körperliche und geistige Sprungkraft*

Irgendwann in der Dämmerung der menschlichen Entwicklung erhob sich der Homo sapiens, nahm eine aufrechte Haltung ein und wurde damit allmählich allen anderen Lebewesen überlegen. Fortan war sein Blick nicht mehr erdwärts gerichtet, sondern er sieht nun bis zum Horizont und erschaut das Firmament, das sich über ihm spannt. So keimt im aufrechten Gang auch der Wunsch, den Himmel zu berühren, eins zu werden mit dem Kosmos und der darin verborgenen Göttlichkeit.

Symbolisch betrachtet, sind die Sprunggelenke, das Waden- und Schienbein sowie die entsprechenden Muskelgruppen ein Ausdruck der menschlichen Erhöhung: Ein Bruch oder eine Verletzung werfen den Menschen zurück auf die Erde, in seine stammesgeschichtliche Urvergangenheit. Der Wassermann begegnet dem Leben sprungbereit und wendig. Er ist voller Enthusiasmus und erlebt die Welt nicht gleichbleibend, starr oder zyklisch, sondern elastisch, gegensätzlich und sprunghaft. Als positives Luftzeichen ignoriert er Grenzen, analog seinem Element, für das nationale Territorien, Berge und Flüsse kein Hindernis darstellen.

Es gibt Wassermänner, die ihre Anlagen mit der Kraft und Beweglichkeit ihres Körpers ausleben. Und es gibt den geistigen Typus, der im Denken seinen sprunghaften Antrieb lebt und manchmal ein »Genie« oder Erfinder wird.

## *Der Bruch (einer Freundschaft)*

Das Wassermannprinzip hat Veränderung und Extremität zum Inhalt. In gewisser Weise erlaubt es sogar *Ver*rücktheiten, das meint den Sprung aus der Normalität und Routine. Vertreter dieses Tierkreiszeichens, die überwiegend »statisch« leben, werden daher auch ihr Wassermannpotential unterdrücken. müssen. Und das manifestiert sich in der Folge oft als Angst, wirklich »verrückt« oder schrecklich krank zu werden.

Nach dem Analogieprinzip entsprechen sich geistige und physische Sprungkraft; beide unterstehen dem Wassermann. Und oft ist es so, daß es bei einem Sprung nur um Haaresbreite nicht zu einem Bruch gekommen ist. Deshalb wird ein gebrochenes Bein einem Wassermann signalisieren, daß er seine Sprunghaftigkeit – meist auch im übertragenen Sinn – überzogen hat. Die Folge ist, daß er jetzt zunächst

überhaupt nicht mehr »springen« kann. Ein derartiger Unfall vermag einem Wassermann aber auch widerzuspiegeln, was er versäumt, und zwar seiner Natur gemäß zu leben, nämlich sprunghafter, lebendiger und chaotischer zu sein.
Im Grunde ist jede Krankheit, die den Wassermann ins Bett und damit in die Waagerechte bringt, eine Aufforderung, sich mit seinem Leben auseinanderzusetzen. Eine Erkrankung oder ihre Vorboten, Müdigkeit und Lustlosigkeit, verweisen den Wassermann ebenso auf seine Beziehungen zu seinen Mitmenschen. Ein Beinbruch signalisiert somit vielleicht auch einen Bruch im übertragenen Sinn. Wir sprechen von einer »Freundschaft, die zu Bruch geht«, oder sagen, daß »jemand den Stab über einen anderen bricht«.
Auch dem Thema Aufrichtigkeit kommt eine wichtige Rolle zu. Aus seiner Gesinnung heraus ist für den Wassermann Unaufrichtigkeit – unabhängig davon, ob seine Freunde unehrlich sind oder ob er selbst nicht wahrhaftig ist – gleichbedeutend mit dem Verlust seiner Ideale. Wird die Aufrichtigkeit aus dem bewußten Erleben verbannt, kann der Körper die Aufgabe übernehmen, auf dieses Defizit hinzuweisen, indem er Krankheitssymptome entwickelt, die nicht mehr zu leugnen sind.
Wassermänner sollten sich deshalb mit folgenden Fragen offen und gewissenhaft auseinandersetzen:

- Ist meine Lebensführung zu exzessiv und sprunghaft?
- Fehlt in meinem Leben die sprunghafte Seite?
- Lebe ich zu eintönig und geradlinig?
- Kann ich mir gestatten, einmal jemand ganz anderes zu sein?
- Bedürfen die Beziehungen zu meinen Freunden der Klärung?
- Gibt es bei mir oder bei meinen Freunden Unaufrichtigkeit?

## *Der Hypertoniker und die natürliche Mitte*

Bei schweren Erkrankungen und Niederlagen fühlt sich der Wassermann leicht für immer verloren. Das ist seine wirkliche Achillesferse: sein Stolz, der ihm sagt, er müsse ganz oben sein, sonst wäre er ganz unten. Sein Schatten ist somit weder ein Genie noch ein Mensch vor dem Abgrund, sondern einfach die Mitte. Erst wenn der Wassermann bereit ist, auch seine eigene – nicht abwertend gemeinte – Mittelmäßigkeit anzunehmen, findet er die Ausgewogenheit und Heilung.

Von Hypertonikern, also Menschen mit erhöhtem Blutdruck, weiß man, daß sie mit einer permanent überhöhten Anspruchshaltung durch das Leben gehen. Sie stehen unter Druck, glauben, immer etwas vollbringen zu müssen, und finden selten Entspannung. Sie scheinen in einer Welt ohne Zeit zu leben. Zu dieser Art von »Managersyndrom« neigen Wassermanngeborene ganz besonders. Sie ignorieren den natürlichen Rhythmus des Lebens von Spannung und Entspannung. Und im Extremfall kann dieser Höhenflug dann in einem Herzinfarkt enden. Herzrhythmusstörungen, Herzphobien und die Angina pectoris entspringen dem gleichen psychosomatischen bzw. astromedizinischen Muster: Bei der Gestaltung seines Lebens negiert der Wassermann die Natur, er stellt sich gleichsam über sie.
Ein weiteres, ähnlich gelagertes Problem von vielen Wassermanngeborenen ist ihre Ablehnung von Schmutz, Dunkelheit, Krankheit und Tod – man kann sagen: dem »Bösen«. Wassermänner setzen sozusagen stets auf die helle Seite und wähnen sich der anderen entkommen. Sie vergessen vielfach, daß das Leben immer zwei Seiten hat, daß es polar ist: Zum Licht gehört Dunkelheit, zur Liebe Haß, zum Leben Tod. Weil nun Wassermänner die dunkle Seite so stark von sich weisen, kann sie auf der Ebene des Körpers und der Seele wiederauftauchen: Der Wassermann wird krank. Er kann Phobien entwickeln, ebenso wie die Hypochondrie – die Angst vor tausenderlei Krankheiten – eine Folge seiner Ablehnung ist, sich mit diesen Themen zu beschäftigen.
Wassermänner sollten sich deshalb auch folgende Fragen stellen und sie ehrlich beantworten:

- Kann ich mein Herz spüren und seinem natürlichen Rhythmus folgen?
- Gebe ich meinem Herzen und den Gefühlen genügend Raum?
- Wo hat sich meine Welt von einem natürlichen Rhythmus entfernt?
- Kann ich Dunkelheit und Schmutz zulassen?
- Bin ich offen für den »Schatten«?

## WIE WASSERMÄNNER GESUND BLEIBEN

Der gesunde und natürlich lebende Wassermann entwickelt seine Anlagen, ohne sich dabei völlig von der natürlichen Mitte zu entfernen. Er achtet darauf, daß in seinem Leben genügend Möglichkeiten

*Mars, der Powerplanet, verleiht Fitneß und Kraft*

existieren, um seine sprunghafte Seite auszuleben. Er verschreibt sich nicht einem Beruf, der ihm vierzig Jahre und länger immer das gleiche abverlangt. Überhaupt stellt er Sicherheit nicht über alles. Er läßt sich die Möglichkeit offen zum Sprung. Aber er gewährt sich auch immer wieder Pausen, die er als Ausgleich für seine extravertierte Lebensweise benötigt.
Er sollte seine Neigung, sich über gesundheitliche Ratschläge hinwegzusetzen, und seine Philosophie, daß alles gut ist, was schmeckt und Spaß macht, kritisch hinterfragen. Außerdem sollte er seinen Körper, besonders seine Unterschenkel, genau beobachten. Dort zeigt sich, wann er seinen »Weg des Genusses« verlassen muß, weil sich an dieser Stelle bei ihm Verschlackungen als Folge einer falschen Ernährung festsetzen.

## *Tägliche Trockenbürstungen und Trampolinspringen*

Zu einer gesunden Lebensführung gehören auch tägliche Trockenbürstungen und kalte Duschen. Danach sollten die Füße mit einem Massageöl durchgeknetet werden. Diese Maßnahme hilft nicht nur den Beinen, sondern bringt auch dem Geist mehr Elastizität und unterstützt den Kreislauf des Wassermanns.
Eine gute Möglichkeit, seine – körperliche wie geistige – Sprungkraft zu trainieren, ist Trampolinspringen.

## *Den Blutdruck besänftigen*

Abweichungen vom normalen Blutdruck sollten immer auch von einem Arzt überwacht werden. Folgende Übung ist jedoch eine wertvolle unterstützende Maßnahme. Sie beruht auf Untersuchungen, bei denen herausgefunden wurde, daß der Blutdruck schon allein durch die Vorstellungskraft erhöht bzw. gesenkt werden kann.

*Übung:* Sie brauchen einen bequemen Platz, an dem Sie sich ausgestreckt auf den Rücken legen können. Alle beengenden Kleidungsstücke sind zu öffnen. Um sich zu entspannen, ist es am besten, wenn Sie regelmäßig atmen und sich dabei innerlich auch vorsagen, daß Sie sich erlauben zu entspannen.
Sind Sie innerlich ruhig geworden, beginnen Sie, sich eine Situation vorzustellen, die besonders hektisch und aufregend ist. Es ist wichtig,

sich die Situation ganz genau auszumalen. Versuchen Sie dann in der Phantasie, diese Tätigkeit systematisch zu verlangsamen. Stellen Sie sich vor, das Geschehen liefe in Zeitlupe ab. Allmählich wird sich Ihr Blutdruck senken.
Wichtig ist, daß die Übung Ihnen ein angenehmes Gefühl bereitet. Sie ist sofort abzubrechen, wenn Sie meinen, unter Druck zu geraten.

## DIE APOTHEKE DER NATUR

Bei den verschiedenen Krankheiten, für die Wassermänner disponiert sind, setzt man am besten die Heilkraft der Natur ein.
Gegen zu hohen Blutdruck helfen: Bärlauch, Knoblauch, Kürbiskerne und Mistel.
Bei Angstzuständen vor Unbekanntem, Dunklem, Unheimlichem und Bedrohlichem empfiehlt sich ein Tee aus Salbei, Pfefferminze, Schafgarbe, Lindenblüte und Fenchel.
Menstruationsfördernd ist ein Tee aus Liebstöckelwurz, Schafgarbenkraut und Verbenakraut.

## DIE RICHTIGE DIÄT FÜR WASSERMÄNNER

Wassermänner sollten von Zeit zu Zeit eine Diät durchführen. Das Entschlacken ihres Körpers kann die Folgen ihres in aller Regel viel zu hektischen und ungesunden Lebenswandels ausgleichen.
Da sie das Extreme lieben, hat sich meiner Meinung nach für Wassermänner die Nulldiät bewährt. Das heißt, daß man eine Zeitlang überhaupt nichts ißt und nur viel Wasser trinkt. Wie lange man solch eine Diät durchzieht, hängt von der eigenen Willenskraft ab. Aber auch schon eine eintägige Nulldiät schenkt dem Organismus einen gewissen Ausgleich. Planen Sie eine derartige Maßnahme über einen längeren Zeitraum, sollten Sie jedoch unbedingt ärztlichen Rat einholen.
Der günstigste Zeitpunkt für den Beginn einer Diät ist kurz vor dem Neumond. Wenn man nur einen Tag fastet, ist der Neumond selbst am besten geeignet.

# *Beruf* UND KARRIERE

## ROUTINE IST TÖDLICH

Eine meiner Klientinnen erzählte mir kürzlich folgende Geschichte: Sie hatte sich bei einem Privatfernsehsender beworben. Es kam zu einem Vorstellungsgespräch, zu dem noch zwei weitere Kandidatinnen geladen waren. Der Personalchef sagte den drei jungen Frauen ungefähr folgendes: »Wißt ihr was, wenn ihr mit uns arbeiten wollt, müßt ihr wissen, daß es hier alles gibt, Interessantes und Unmögliches, Chaotisches und ganz Normales; nur eines gibt es nicht: eine geregelte Arbeitszeit. Ihr müßt immer dasein können, wenn wir einen Auftrag bekommen, Tag und Nacht.« Daraufhin sagte eine der Frauen, sie könne da leider nicht mithalten, weil sie ihren Sohn allein erziehe. Die zweite äußerte, sie mache unter der Bedingung mit, daß die Überstunden ordentlich bezahlt würden. Meine Klientin hingegen – sie hat auch einen anderthalbjährigen Sohn – sagte, daß sie das mit ihrem Kind schon geregelt bekäme. Sie würde die Stelle gern nehmen. Sie hat den Job. Sie ist ein Wassermann.

Ein anderer meiner Wassermannklienten hat bis heute folgenden Berufsweg zurückgelegt: Nach der mittleren Reife übernahm er die Drogerie seines Vaters, weil dieser krank wurde. Der Vater starb. Kurze Zeit darauf verkaufte der Sohn das Geschäft und studierte Psychologie. Als Diplompsychologe arbeitete er ein Jahr lang in einer therapeutischen Einrichtung für Alkoholkranke. Dann schrieb er zunächst nebenberuflich für eine Zeitung psychologische Beiträge, später wechselte er ganz dorthin – als Fachmann für das Ressort Psychologie. Wieder ein Jahr später fand er Interesse am Fernsehen, bewarb sich, wurde genommen – aber fürs Ressort Kultur, wovon er »keine Ahnung« hatte. Er arbeitete sich ein und hinauf – und wurde Starmoderator in einer Livesendung. Nach drei Jahren hörte er von einem Projekt, bei dem sich im Ausland ganz schnell viel Geld verdienen ließe. Er gab seine tolle Stelle auf und verließ Deutschland. Das große Geld kam zwar nicht, aber er begann einen Job in einer Agentur als Einkäufer von Film- und Buchrechten. In der Zwischenzeit hat er seinen Beruf nochmals gewechselt und ist nun Produzent in seiner eigenen Filmfirma.

Noch ein Beispiel eines typischen Wassermanns: Er ging einem ganz

biederen Job bei der Bahn nach. Er saß in einen kleinen Nest vor München und mußte die ein- und ausfahrenden Züge kontrollieren. Für einen Wassermann ist das ein todlangweiliger Job, was dieser Mann durchaus auch selbst so empfand. Schon als kleiner Junge hatte er Fußball gespielt und war bis zur Bezirksliga aufgestiegen, brach sich aber irgendwann den Knöchel und mußte die Laufbahn als aktiver Sportler beenden. Er meldete sich als Schiedsrichter und machte wegen seiner freundlichen, neutralen, sachlichen Art eine tolle Karriere. Die Woche über saß er in seinem Kontrollraum und überwachte Züge. Am Wochenende dirigierte er das Spiel auf dem Fußballplatz. Mit 29 Jahren bekam er wieder Probleme mit seinem Knöchel und mußte den Job als Schiedsrichter aufgeben. Er kündigte seine sichere Stelle bei der Bahn gleich mit und begann bei einem großen Münchner Fußballverein mit einer ganz kleinen Nebentätigkeit. Aber das war ihm immer noch viel lieber, als »Züge zu zählen«, wie er es nannte. In der Zwischenzeit ist dieser Mann ein hoher Sportfunktionär.
Ich kenne eine HNO-Ärztin, die zwanzig Jahre lang tagtäglich zig Ohren geröntgt, gesäubert und operiert hatte. Dann hörte diese Wassermannpersönlichkeit eines Tages etwas über ein völlig spektakuläres Heilverfahren, das mit Hilfe von computererzeugten elektromagnetischen Feldern arbeitet, und gab ihre gutgehende Praxis mir nichts, dir nichts auf, um sich völlig dieser unsicheren Alternative zu widmen.
Ich kenne des weiteren einen Lehrer, der seinen Beruf haßte. Nicht wegen der Kinder, im Gegenteil, die Schüler waren der einzige Grund, weswegen es den Wassermann fast dreißig Jahre lang in diesem Beruf hielt. Aber mit den Vorschriften und der Hierarchie stand er permanent auf Kriegsfuß. Seine ganze Leidenschaft galt jedoch der Astrologie. »In der Astrologie bin ich zu Hause«, sagte er, »hier finde ich den Raum, in dem ich mich entfalten kann, begegne vertrauten Kräften. Meine besten Freunde sind die Planeten droben am Himmel. Ich spreche mit ihnen, und manchmal sprechen sie zu mir.« Mit 55 Jahren, zehn Jahre vor seiner Pensionierung, opferte dieser Wassermann seine sichere Beamtenkarriere zugunsten einer völlig unsicheren Tätigkeit als Berufsastrologe. Er hält sich seitdem mehr schlecht als recht über Wasser. Manchmal, wenn es ihm bis zum Hals steht, bereut er seinen Entschluß. Aber er weiß ebenso, daß er nie zurückgehen würde.
In meine Praxis kommt auch noch regelmäßig ein Wassermann, dessen (Ein-Mann-)Firma stets kurz vor dem Bankrott steht, der aber trotzdem jedes Angebot, das nach Sicherheit und Normalität riecht, ausschlägt.

*Der Tierkreis steht symbolisch für sämtliche Belange des Lebens*

Welche Wassermänner waren noch bei mir? Eine Frau, die alternativen Landbau betreibt. Ein Mann, der nach zwanzig Jahren als Bankfachmann Heilpraktiker wurde. Eine Frau, die ihre Beamtenlaufbahn als Lehrerin an den Nagel hängte und heute einen Esoterikladen führt. Ein anderer Lehrer, der zwar Beamter geblieben ist, aber in seiner Freizeit Science-fiction-Romane schreibt. Alle diese Wassermänner haben sich in ihrem beruflichen Leben irgendwann für Freiheit, Unabhängigkeit und Selbständigkeit entschieden.

Wenn Sie also ein Wassermann sind, können Sie zwar ohne weiteres in einem bürokratischen, straff durchorganisierten Berufsalltag stecken, unterdrücken damit aber sehr wahrscheinlich all Ihre fabelhaften Talente sowie Ihre Schöpferkraft, Genialität und Ihre Lust am Arbeiten. Können Sie also nur als Freiberufler etwas schaffen, bzw. müssen Sie immer Ihr eigener Herr sein? Ganz so extrem ist es nicht! Aber das sollten Sie wissen: Je »eingesperrter« Sie sind, um so unproduktiver werden Sie! Eine Tätigkeit, bei der jeder Handgriff genau vorgeschrieben ist, macht Sie krank. Wenigstens die Arbeitszeit müssen Sie selbst bestimmen können! Genauso nervtötend ist für Sie ein Chef, der Ihnen vorschreibt, was Sie zu tun und zu lassen haben. Am besten arbeiten Sie zusammen mit anderen, genauso kreativen und selbständigen Menschen, wie Sie einer sind. Das Wort »Team« muß von einem Wassermann erfunden worden sein. Kollegen, die sich nicht gegenseitig kontrollieren und maßregeln, sondern dabei unterstützen, ihrer Kreativität, ihrem Einfallsreichtum zu vertrauen – das ist das Reich, in dem der Wassermann zur Höchstform aufläuft.

Ich kenne ein Arbeitsteam, das sich aus drei Wassermännern und einem Stier zusammensetzt. Sie entwickeln gemeinsam neue Filmideen bzw. kaufen die Rechte an ausländischen Produktionen, um sie deutschen TV-Sendern anzubieten. Dieses Team sollten Sie einmal erleben! Die drei Wassermänner sitzen in einem Raum, arbeiten an mehreren Projekten gleichzeitig und lassen sich von den ausgefallensten Ideen leiten (zum Beispiel der, einen Film über Kuba mit leeren Bierflaschen – in Kuba Mangelware – zu sponsern), und sie haben einen sagenhaften Erfolg. Neun von zehn ihrer Einfälle sind so abstrus, daß kein vernünftiger Mensch auch nur einen Deut dafür geben würde. Aber sie realisieren acht von neun Ideen. Einzig und allein ihr Stier, ein Jurist, sitzt in einem gesonderten Raum und checkt, rechnet und führt die Verhandlungen mit ihren Geschäftspartnern.

## SIE SIND ERFINDER

Jeder Wassermann, den ich kenne, hat irgend etwas erfunden, sich etwas ausgedacht – oder er träumt zumindest davon, eines Tages seine Erfindung zu realisieren. Originalität, anders zu sein als die anderen, seiner Schöpferkraft zu folgen – das ist »typisch Wassermann«. Die berühmte amerikanische Astrologin Linda Goodman schreibt über sie: »Siebzig Prozent der genialen Menschen haben entweder den Aszendenten im Wassermann oder sind Wassermann-Geborene.« Ich stimme ihr zu – ihr wacher Geist forscht ständig nach neuen Möglichkeiten, Veränderungen, Verbesserungen, Erneuerungen. Unmögliches existiert nicht für einen Wassermann. Man muß es nur aus der richtigen Perspektive betrachten, eine Änderung vornehmen, das Ganze anders strukturieren – und schon findet sich die Lösung. Auf dem Mond landen? Kein Problem! Künstliches Leben in einer Retorte zeugen? Auch zu schaffen! Und vielleicht hat der »wassermännische Geist« in hundert oder auch erst tausend Jahren die Pille für Unsterblichkeit erfunden: Die meisten der Menschen, die ihre toten Körper oder ihr Gehirn einfrieren lassen wollen und die zeitliche Begrenzung ihres Erdendaseins so zu überwinden trachten, sind bestimmt Wassermänner. Der Zeit und dem Zeitgeist vorauseilen – auch das liegt diesen Menschen. Zitieren wir nochmals Linda Goodman: »Wie der Wassermann heute denkt, so wird die Welt in fünfzig Jahren denken.« Wenn es darum geht, den Modetrend der kommenden Jahre vorherzusehen, den Weizen heute dort zu bestellen, wo er in zwei Jahren am billigsten ist, oder das Geld in dem Land zu investieren, das in der Zukunft die höchste Rendite abwerfen wird – »wassermännische« Prognosen liegen immer gut im Rennen. Auch was den Trend in Literatur, Malerei, Musik betrifft, stellen sie die Avantgarde.

Zu einer Wassermannwelt gehören natürlich auch die gesamte Computertechnologie, die globale Vernetzung und die modernen Fortbewegungstechnologien, wie sie zum Beispiel in der Raumfahrt zum Einsatz kommen.

Klingt alles wahnsinnig aufregend, nicht wahr? Es wird also Zeit, auch ein paar Negativa über diesen tollen Wassermann aufzuzählen. Also: Er ist zum Beispiel sagenhaft anspruchsvoll. Ich kenne einen Wassermann, der mit derartig überhöhten Gehaltsforderungen auftritt, daß sämtliche Personalchefs der Welt entsetzt abwinken. Aber er findet, er sei einen solchen Preis wert. Eine andere Problematik liegt in seinen bereits erwähnten Schwierigkeiten, mit Hierarchien zurechtzukommen. Es gibt Wassermänner, die – egal, wo sie arbeiten – früher oder später mit sämtlichen Vorgesetzten in den Clinch geraten. Aber auch mit Menschen, die unter ihnen stehen, haben Wassermänner schnell Probleme. Ich bin sicher, daß sich nicht wenige Wassermänner durch ihr »antiautoritäres« Verhalten ihre Chancen verbauen.

In diesem Zusammenhang sei noch ein Zug erwähnt, der vor allem Partnern und Kollegen zu schaffen macht. Es ist die Ruhelosigkeit der Wassermänner. Sie sind ständig unterwegs, in Gedanken wie in der Wirklichkeit. Sie müssen immer etwas Neues beginnen, weil sie sonst das Gefühl von Routine überfällt. Einerseits treibt diese Unruhe Wassermänner auf die schwindelerregendsten Gipfel. Andererseits läßt dieser »Drive« sie eine Unruhe verbreiten, die zuweilen schlichtweg nicht auszuhalten ist.

## DAS ARBEITSUMFELD UND DIE BERUFE DER WASSERMÄNNER

### *Wo arbeiten Wassermänner am liebsten?*

Wassermänner betätigen sich mit Vorliebe in einem Umfeld, wo es um Erfindungen und Ideenproduktionen geht, wo Ideale und Visionen entstehen und verbreitet werden, wo es Teamarbeit gibt. Sie arbeiten gern dort, wo ideeller Reichtum gesammelt und verwaltet wird, wo Natur und neue Technologien zusammenfließen, wo Geld auf außergewöhnliche Weise erwirtschaftet wird und wo es um Repräsentation, Verkauf und Selbstdarstellung geht. In ihrem idealen Arbeitsumfeld findet Wissensvermittlung statt, es werden moderne Kommunikationsformen gepflegt. Verschiedene Meinungen und Interessen kommen an einen Tisch. Es wird in die Zukunft gedacht. Ideen entstehen und werden verkauft. Wassermänner mögen einen Arbeitsplatz, an dem Altes modernisiert wird. Sie fühlen sich wohl in einer Umgebung, in der die Seele erforscht, wo Forschung im Zusammenhang mit Geburt und Zeugung betrieben wird (Genforschung), wo Medizin und Technik ineinandergreifen. Sie wollen da tätig sein, wo Ideen geschrieben, gedruckt und verbreitet werden (Autor, Verleger), wo Erfindungen gemacht und verwaltet werden, wo es um humanitäre Ziele geht.

## *Berufe der Wassermänner*

A/B (Angestellter/Beamter) Auswärtiger Dienst, A/B Bundesanstalt für Flugsicherung, A/B Deutsches Patentamt, A/B Justizverwaltung, A/B Strafvollzugsdienst, Anwendungsprogrammierer, Apotheker, Arzthelferin, Astrologe, Astronom, Astrophysiker, Atem- und Stimmlehrer, Berufe in Umweltorganisationen, Berufsschullehrer, Bildingenieur, Blumenbinder, Bodenpersonal bei Fluggesellschaften, Chemielaborant, Computer-Layouter, Cutter, Datenverarbeitungskaufmann, Dekorateur, Dipl.-Ing. Elektrotechnik, Dipl.-Ing. Fachrichtung Chemie, Dipl.-Ing. Hoch- und Tiefbau, Dipl.-Ing. in der Entwicklung, Dipl.-Ing. in der Konstruktion, Dipl.-Ing. in Fertigungstechnik, Dipl.-Ing. in Verfahrenstechnik, Dipl.-Ing. Vermessungswesen, Diplompsychologe, Diplomhandelslehrer, Diplominformatiker, Diplomingenieur, Diplommathematiker, Diplompädagoge, Diplomsportlehrer, Dolmetscher, EDV-Organisator, Elektroniktechniker, Elektrotechniker, Energiemanager, Entwicklungshelfer, Ethnologe, Facharzt für Chirurgie, Fachlehrer, Fachwirt für Tagungs-, Kongreß- und Messewirtschaft, Flugbegleiter, Gartenbauarchitekt, Gentechniker, Gewerkschaftsfunktionär, Heilerziehungspfleger, Heilpädagoge, Hochschullehrer, Hotelkaufmann, Industriedesigner, Industriekaufmann, Informatiker, Informationsbroker, Informationsgrafiker, Innenarchitekt, Journalist, Jugendpfleger, Jurist, Kernphysiker, Kommunikationstechniker, Kultur- bzw. Medienmanager, Kunsterzieher, Landschaftsplaner, Lehrer in der Erwachsenenbildung, Lektor, Maskenbildner, MAZ-Techniker, Medieninformatiker, Meteorologe, Multimediaproducer, Musikerzieher, Netzwerkspezialist, Notar, Ökologe, Ökomanager, Organisator, Ozeanograph, Philosoph, Pilot, Politiker, Politologe, Privatdozent, Programmierer, Psychotherapeut, Realschullehrer, Rechtsanwalt, Rechtspfleger, Recyclingfachmann, Redakteur, Reiseverkehrskaufmann, Religionswissenschaftler, Reporter, Schauspieler, Schriftsteller, Seminarleiter, Sozialwissenschaftler, Speditionskaufmann, Sprachwissenschaftler, staatlich geprüfter Betriebswirt, Steward, Tanzlehrer, Techniker in der Entwicklung, Techniker in der Fertigungstechnik, Techniker in Verfahrenstechnik, Teletutor, Theaterwissenschaftler, Tourismusmanager, Übersetzer, Umweltberater, Verleger, Werbekaufmann, Wirtschaftsjurist.

*Test:*

## WIE »WASSERMANNHAFT« SIND SIE EIGENTLICH?

Mit Hilfe des folgenden Tests können Sie in Erfahrung bringen, wie typisch Sie für Ihr Tierkreiszeichen sind. Gehen Sie dabei so vor: Kreuzen Sie die Zahl an, wenn Sie die jeweilige Frage mit Ja beantworten. Falls Sie also gern Testfahrer wären, würden Sie die Zahl 1 ankreuzen. Wenn nicht, würden Sie dies nicht tun.

| | + | | – |
|---|---|---|---|
| Wären Sie gern Testfahrer? | | 1 | |
| Sind Sie ein Mensch, der gern Geld zurücklegt? | | 2 | |
| Haben Sie gern mit Kunst zu tun? | | 3 | |
| Sind Sie gern unter Menschen? | | 4 | |
| Würden Sie gern Politik machen? | | 5 | |
| Sagen Sie gern anderen, was sie tun sollen? | | 6 | |
| Möchten Sie an einer Grenze stehen und Personen kontrollieren? | | 7 | |
| Möchten Sie Babys in einem Krankenhaus betreuen? | | 8 | |
| Möchten Sie Tierpräparate herstellen? | | 9 | |
| Ist es Ihnen egal, was Sie arbeiten, Hauptsache, das Geld stimmt? | | 10 | |
| Ordnen Sie sich leicht unter? | | 11 | |
| Haben Sie Geduld? | | 12 | |
| Möchten Sie Prüflingen Noten geben? | | 13 | |
| Möchten Sie auf dem Lande leben und arbeiten? | | 14 | |
| Stehen Sie gern in der Öffentlichkeit? | | 15 | |
| Möchten Sie Falschparkern einen Strafzettel geben? | | 16 | |
| Möchten Sie an einer Diät als Testperson mitmachen? | | 17 | |
| Möchten Sie Gehälter abrechnen? | | 18 | |
| Unterhalten Sie andere Leute gern? | | 19 | |
| Arbeiten Sie gern im Team? | | 20 | |
| Könnten Sie von der Hand in den Mund leben? | | 21 | |
| Interessieren Sie sich für Mode? | | 22 | |
| Mögen Sie Risiko? | | 23 | |
| Führen Sie gern technische Berechnungen durch? | | 24 | |
| Wären Sie gern ein Entdeckungsreisender? | | 25 | |
| Mögen Sie Veränderungen? | | 26 | |

| | + | | – |
|---|---|---|---|
| Möchten Sie auf einer Bühne stehen? | | 27 | |
| Können Sie gut allein leben? | | 28 | |
| Können Sie leicht auf die Tageszeitung verzichten? | | 29 | |
| Möchten Sie gern Kinder betreuen? | | 30 | |
| Halten Sie Gefühle für wichtiger als den Verstand? | | 31 | |
| Können Sie leicht aus sich herausgehen? | | 32 | |
| Liegt Ihnen das Wohlergehen anderer am Herzen? | | 33 | |
| Sind Sie gern Gastgeber? | | 34 | |
| Betreuen Sie gern Kranke? | | 35 | |
| Wären Sie gern Lehrer? | | 36 | |
| Sind Sie ein beständiger Mensch? | | 37 | |
| Gehen Sie gern und häufig aus? | | 38 | |
| Möchten Sie Menschen beraten? | | 39 | |
| Möchten Sie Schaufenster dekorieren? | | 40 | |
| Möchten Sie gefährliche Chemikalien transportieren? | | 41 | |
| Würden Sie gern an einem Bankschalter stehen? | | 42 | |
| Treiben Sie gern Sport? | | 43 | |
| Würden Sie gern als Diskjockey arbeiten? | | 44 | |
| Wären Sie gern Astronaut? | | 45 | |
| Können Sie sich vorstellen, im Ausland zu arbeiten? | | 46 | |
| Möchten Sie gern Reporter sein? | | 47 | |
| Übernehmen Sie gern Verantwortung? | | 48 | |
| Wären Sie gern Fotomodell? | | 49 | |
| Können Sie leicht bei einer Sache bleiben? | | 50 | |

Summe: ____________

## *Auswertung*

Schreiben Sie immer dann ein Plus (+) links neben die Zahl, wenn Sie die Nummern **1, 3, 4, 5, 15, 19, 20, 22, 23, 25, 26, 32, 33, 34, 38, 45, 46, 47, 49** angekreuzt haben (maximal neunzehnmal ein Plus). Tragen Sie immer ein Minus (–) rechts neben die Zahl, wenn Sie die Nummern **2, 6, 7, 8, 9, 10, 11, 12, 13, 16, 31, 37, 42, 50** angekreuzt haben (maximal vierzehnmal ein Minus).

*Saturn nimmt Maß und setzt Grenzen*

Ziehen Sie die Anzahl der notierten Minuszeichen von der Anzahl der Pluszeichen ab. Die Differenz ist Ihr Testergebnis.

## Interpretation

*Ihr Testergebnis beträgt 8 oder mehr Punkte:* Sie sind ein hundertprozentiger Wassermann. Alles, was in diesem Buch über die Natur des Wassermanns gesagt wurde, trifft auf Sie zu. Sie sind exzentrisch, schöpferisch, luftig, kommunikativ, ordnen sich schwer unter und arbeiten am besten im Team. Ihre Gefühle sind kontrolliert, Sie suchen Verfeinerung und Erhebung im Leben und brauchen immer wieder Veränderung. Routine wirkt auf Sie wie ein Schlafmittel.

*Ihr Testergebnis liegt zwischen 4 und 7 Punkten:* Bei Ihnen ist das Naturell des Wassermanns gedämpft. Wahrscheinlich haben Sie einen Aszendenten, der die Qualität Ihrer Wassermannpersönlichkeit in einer anderen Weise beeinflußt. Oder Ihr Mond hat diese Wirkung. Für Sie ist es daher interessant, die Stellung Ihres Mondes und Ihren Aszendenten im zweiten Teil dieses Buches kennenzulernen. Es kann aber auch sein, daß Sie durch frühere Erfahrungen dazu veranlaßt wurden, Ihr Wassermannaturell abzulehnen. Dann ist es besonders wichtig, daß Sie sich damit wieder anfreunden und es mehr zulassen.

*Ihr Testergebnis beträgt weniger als 4 Punkte:* Sie sind ein untypischer Wassermann. Wahrscheinlich haben Sie einen Aszendenten, der sich völlig anders als das Wassermannprinzip deuten läßt, oder Ihr Mond steht in einem solchen Zeichen. Es wird sehr spannend für Sie sein, dies im zweiten Teil des Buches herauszufinden. Sie haben es aber im Lauf Ihres Lebens womöglich auch für nötig befunden, Ihre Wassermannseite abzulehnen und zu verdrängen. Es ist daher Ihre Aufgabe, sich mit diesem Teil Ihrer Persönlichkeit wieder anzufreunden: Sie sind ein Geschöpf der Luft, das von seinem Naturell her dafür geschaffen ist, Menschen zu begegnen, sie zu unterhalten und ihnen die fröhliche, leichte Seite des Lebens zu zeigen.

# *Teil II* IHRE INDIVIDUALITÄT

## *Der Aszendent und die Stellung von Mond, Merkur & Co. –*

## VORBEMERKUNG

In Teil I wurde erläutert, warum der Wassermann Ihr »Sternzeichen« ist, nämlich weil die Sonne zum Zeitpunkt Ihrer Geburt in diesem Abschnitt des Tierkreises stand. Nun gibt es in unserem Sonnensystem bekanntlich noch andere Himmelskörper, von denen der Erdtrabant Mond und die Planeten für die Astrologie bedeutsam sind. Sie alle haben ebenfalls entsprechend ihrer Stellung bei einer Geburt eine spezifische Aussagekraft. Obendrein spielen auch noch der Aszendent, die astrologischen Häuser und weitere Faktoren eine Rolle. Alles zusammen ergibt ein Horoskop.

Dieses Wort hat seine Wurzeln im Griechischen und heißt soviel wie »Stundenschau«, weil ein Horoskop auf die Geburtsstunde (eigentlich Geburtsminute) genau erstellt wird. Es ist also eine – in Zeichen und Symbole übersetzte – Aufnahme der astrologischen Gestirnskonstellationen zum Zeitpunkt einer Geburt. Es spiegelt die vollständige Persönlichkeit eines Menschen wider.

Im folgenden werden die neben der Sonne wichtigsten Größen eines Horoskops gedeutet: Aszendent, Mond, Merkur, Venus, Mars, Jupiter und Saturn. Sie können mit Hilfe des Geburtstags und der Geburtszeit ihre Position im Tierkreis ermitteln und dann die jeweilige Bedeutung kennenlernen. Die Interpretation dieser Horoskopfaktoren ist manchmal vom Sonnenzeichen des oder der Betreffenden abhängig, im großen und ganzen jedoch nicht. Wenn Sie also zum Beispiel ein Stier wären, dessen Mond im Widder stünde, müßte diese Mondstellung genauso gedeutet werden, wie wenn Sie vom Sonnenzeichen her eine Waage- oder eine Fischepersönlichkeit wären. Entsprechend finden Sie in den verschiedenen Bänden dieser Buchreihe in der jeweiligen Beschreibung des Aszendenten-, Mond-, Merkur-, Venus-, Mars-, Jupiter- und Saturnzeichens die gleichen Aussagen.

Auf der anderen Seite ist es wichtig, zu verstehen, daß die Interpretation einer einzelnen Größe wie zum Beispiel Aszendent, Mond oder Sonne immer nur einen bestimmten Aspekt wiedergibt, der eventuell widersprüchlich zu dem sein kann, was über einen anderen Faktor gesagt ist. Die Kunst der Astrologie beruht aber gerade darauf, Verschiedenes,

eventuell sogar Sich-Widersprechendes miteinander zu verbinden bzw. gemäß der eigenen Intuition und Erfahrung zu gewichten.
Die Tabellen zur Berechnung des Aszendenten, der Mond-, der Merkur-, der Venus-, der Mars- und der Jupiterstellung in diesem Band gelten nur für Ihr Tierkreiszeichen, die Saturntabelle gilt auch für alle anderen Zeichen.

## DER ASZENDENT

Von Ihrem Sonnenzeichen her sind Sie ein Wassermann, dies ist aber wie gesagt nur *ein* Aspekt Ihrer Persönlichkeit. Die Astrologie kennt noch viele andere, wovon der Aszendent der wichtigste ist.
Für die Bestimmung des Aszendenten muß man allerdings die genaue Geburtszeit kennen. Sie ist erfahrbar, weil sie auf dem Standesamt des Geburtsorts festgehalten wird. Wenn Sie also die Zeit, zu der Sie das Licht der Welt erblickt haben, nicht kennen, haben Sie die Möglichkeit, dort anzufragen und um Auskunft zu bitten.
Als ich seinerzeit damit begann, Horoskope zu erstellen, war ich sehr erstaunt darüber, daß die Geburtszeit neben dem Geburtstag in den Büchern der Standesämter festgehalten wird. Der Geburtstag dient dem Staat neben anderen Angaben zur eindeutigen Identifizierung einer Person. Aber welchen Zweck erfüllt für die Bürokratie die Geburtszeit? Für mich liegt darin auch heute noch kein größerer Nutzen als dieser: Durch die schriftliche Fixierung der Geburtszeit liefern die Behörden der Astrologie die wichtigste Berechnungsgrundlage und ermöglichen so jedem Menschen einen Blick auf den ganz persönlichen, einzigartigen Anfang seines Lebens.
Der Aszendent symbolisiert Ihre individuelle Note. Das Sonnen- oder Tierkreiszeichen haben Sie ja gemeinsam mit allen Menschen, die wie Sie zwischen dem 21. Januar und dem 19. Februar geboren sind. Der Aszendent jedoch ergibt sich aus Ihrer ganz persönlichen Geburtszeit.
Was ist denn nun der Aszendent? Bekanntlich dreht sich die Erde in zirka 24 Stunden um ihre eigene Achse. Von der Erde aus gesehen, beschreibt die Sonne dabei aber einen Kreis um unseren Planeten. Dieser Kreis wird – ebenso wie beim scheinbaren Kreislauf der Sonne um die Erde innerhalb eines Jahres – in zwölf Abschnitte unterteilt: die zwölf Zeichen des Tierkreises. Entsprechend steigt am östlichen Hori-

zont etwa alle zwei Stunden ein neues Tierkreiszeichen auf. Dasjenige, das zum Zeitpunkt Ihrer Geburt gerade dort aufging, nennt man »Aszendent« (dieser Begriff ist abgeleitet vom lateinischen Wort *ascendere* = »aufsteigen«).

Die Deutung des Aszendenten ist auch dementsprechend, denn zunächst einmal wollen Ihre Anlagen (repräsentiert durch den Aszendenten) das gleiche wie das Tierkreiszeichen am Himmel, nämlich »aufgehen«. Wenn Sie also Aszendent Widder »sind«, dann strebt die durch dieses Zeichen symbolisierte Kraft danach, in Ihrem Leben aufzugehen und stärker zu werden. Sind Sie Aszendent Fische, dann versuchen sich Fischekräfte in Ihrem Leben bemerkbar zu machen. Man kann auch sagen, daß Ihr Aszendent mit zunehmendem Alter immer stärker wird. Manchmal ergänzen sich Aszendent und Tierkreiszeichen, zuweilen sind sie völlig entgegengesetzt. Entsprechend fällt es einem leichter oder schwerer, seinen Aszendenten zusammen mit seinem »Stern-« bzw. Sonnenzeichen in sein Leben zu integrieren.

## DIE ERMITTLUNG DES ASZENDENTEN

A Suchen Sie in Tabelle 1 Ihren Geburtstag, und tragen Sie die zugehörige Zahl in Feld 1 auf Seite 75 ein
(zum Beispiel: 10. Februar ergibt 125).

B Multiplizieren Sie Ihre Geburtsstunde mit der Zahl 15
(0.00 Uhr ergibt 0; 10.00 Uhr ergibt 150; und 23.00 Uhr ergibt 345).
Tragen Sie die gefundene Zahl in Feld 2 auf Seite 75 ein.

C Teilen Sie Ihre Geburtsminute durch die Zahl 4
(0 Minuten ergibt 0; 10 Minuten ergibt 2,5; 40 Minuten ergibt 10).
Tragen Sie die gefundene Zahl in Feld 3 auf Seite 75 ein.

*Tabelle 1*

| | |
|---|---|
| 20. Januar | 104 |
| 21. Januar | 105 |
| 22. Januar | 106 |
| 23. Januar | 107 |
| 24. Januar | 108 |
| 25. Januar | 109 |
| 26. Januar | 110 |
| 27. Januar | 111 |
| 28. Januar | 112 |
| 29. Januar | 113 |
| 30. Januar | 114 |
| 31. Januar | 115 |
| 1. Februar | 116 |
| 2. Februar | 117 |
| 3. Februar | 118 |
| 4. Februar | 119 |
| 5. Februar | 120 |
| 6. Februar | 121 |
| 7. Februar | 122 |
| 8. Februar | 123 |
| 9. Februar | 124 |
| 10. Februar | 125 |
| 11. Februar | 126 |
| 12. Februar | 127 |
| 13. Februar | 128 |
| 14. Februar | 129 |
| 15. Februar | 130 |
| 16. Februar | 131 |
| 17. Februar | 132 |
| 18. Februar | 133 |
| 19. Februar | 134 |
| 20. Februar | 135 |

D Suchen Sie in der Landkarte den Abschnitt, in dem Ihr Geburtsort liegt, und tragen Sie die Ortszahl in Feld 4 auf Seite 75 ein (München ergibt 12, Berlin ergibt 13).

E Bilden Sie die Zwischensumme 1 aus Feld 1 bis 4.

F War bei Ihrer Geburt Sommerzeit? Dann muß die Zahl 15 abgezogen werden. Die Sommerzeiten in Deutschland, Österreich und der Schweiz finden Sie in der folgenden Tabelle auf Seite 73 bzw. 74.

G Bilden Sie die Zwischensumme 2. Ergibt sich eine Zahl von über 360, dann muß die Zahl 360 abgezogen werden.

H Bilden Sie die Summe 3.

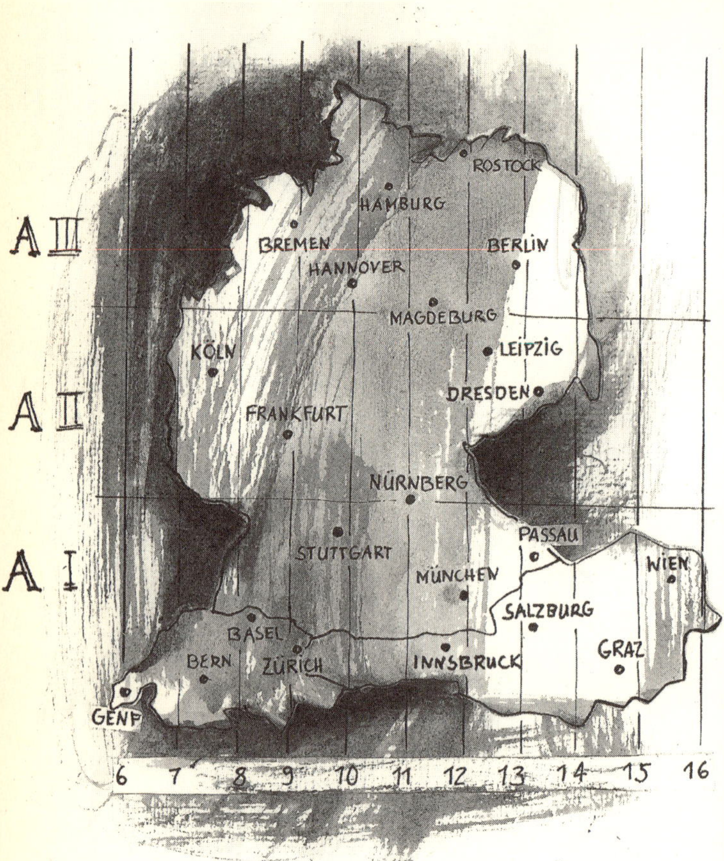

A III
A II
A I
ROSTOCK
HAMBURG
BREMEN
BERLIN
HANNOVER
MAGDEBURG
KÖLN
LEIPZIG
DRESDEN
FRANKFURT
NÜRNBERG
PASSAU
STUTTGART
WIEN
MÜNCHEN
SALZBURG
BASEL
BERN
ZÜRICH
INNSBRUCK
GRAZ
GENF
6
7
8
9
10
11
12
13
14
15
16

## Sommerzeiten in Deutschland und Österreich

| | |
|---|---|
| **1940** | 1. April bis 31. Dezember |
| **1941** | 1. Januar bis 31. Dezember |
| **1942** | 1. Januar bis 1. November |
| **1943** | 29. März bis 3. Oktober |
| **1944** | 3. April bis 1. Oktober |
| **1945** | 2. April bis 15. Oktober[1] |
| **1946** | 14. April bis 7. Oktober |
| **1947** | 6. April bis 5. Oktober[2] |
| **1948** | 18. April bis 2. Oktober |
| **1949** | 10. April bis 1. Oktober (D/sowj. bes. Zone bis 18. November) |
| **1980** | 6. April bis 27. September |
| **1981** | 29. März bis 26. September |
| **1982** | 28. März bis 25. September |
| **1983** | 27. März bis 24. September |
| **1984** | 25. März bis 29. September |
| **1985** | 31. März bis 28. September |
| **1986** | 30. März bis 27. September |
| **1987** | 29. März bis 26. September |
| **1988** | 27. März bis 24. September |
| **1989** | 26. März bis 23. September |
| **1990** | 25. März bis 29. September |
| **1991** | 31. März bis 28. September |
| **1992** | 29. März bis 26. September |
| **1993** | 28. März bis 25. September |
| **1994** | 27. März bis 24. September |
| **1995** | 26. März bis 23. September |
| **1996** | 31. März bis 26. Oktober |
| **1997** | 30. März bis 25. Oktober |
| **1998** | 29. März bis 24. Oktober |
| **1999** | 28. März bis 30. Oktober |
| **2000** | 26. März bis 28. Oktober |
| **2001** | 25. März bis 27. Oktober |
| **2002** | 31. März bis 27. Oktober |
| **2003** | 30. März bis 26. Oktober |

[1] Im sowjetisch besetzten Gebiet Deutschlands vom 24. Mai bis 24. September doppelte Sommerzeit (mitteleuropäische Zeit minus 2 Stunden). Wenn Sie davon betroffen sind, sollten Sie sich ein professionell erstelltes Horoskop anfertigen lassen (siehe Info am Ende dieses Buches).

[2] 1947: doppelte Sommerzeit. Siehe Anm. 1.

### Sommerzeiten in der Schweiz

| | |
|---|---|
| **1941** | 5. Mai bis 6. Oktober |
| **1942** | 4. Mai bis 5. Oktober |

Ab **1981** wie Deutschland und Österreich

Bestimmen Sie in Tabelle 2 Ihren Aszendenten. Dabei müssen Sie noch unterscheiden, ob Ihr Geburtsort in Abschnitt AI, AII oder AIII der Landkarte liegt.

*Tabelle 2*

| AI | AII | AIII | Aszendent |
|---|---|---|---|
| 270–280 | 270–279 | 270–278 | Widder |
| 281–284 | 280–283 | 279–282 | Widder/Stier |
| 285–297 | 284–295 | 283–291 | Stier |
| 298–303 | 296–301 | 292–299 | Stier/Zwillinge |
| 304–321 | 302–319 | 300–313 | Zwillinge |
| 322–330 | 320–328 | 314–325 | Zwillinge/Krebs |
| 331–355 | 329–353 | 326–348 | Krebs |
| 356–7 | 354–5 | 349–3 | Krebs/Löwe |
| 8–35 | 6–34 | 4–31 | Löwe |
| 36– 48 | 35–47 | 32–46 | Löwe/Jungfrau |
| 49–77 | 48–76 | 47–75 | Jungfrau |
| 78–89 | 77–89 | 76–89 | Jungfrau/Waage |
| 90–117 | 90–118 | 90–119 | Waage |
| 118–130 | 119–131 | 120–132 | Waage/Skorpion |
| 131–158 | 132–160 | 133–164 | Skorpion |
| 159–171 | 161–173 | 165–175 | Skorpion/Schütze |
| 172–197 | 174–200 | 176–204 | Schütze |
| 198–208 | 201–210 | 205–213 | Schütze/Steinbock |
| 209–228 | 211–230 | 214–235 | Steinbock |
| 229–235 | 231–237 | 236–239 | Steinbock/Wassermann |
| 236–249 | 238–251 | 240–254 | Wassermann |
| 250–254 | 252–255 | 255–256 | Wassermann/Fische |
| 255–265 | 256–266 | 257–266 | Fische |
| 266–269 | 267–269 | 267–269 | Fische/Widder |

Wenn Ihr Aszendent auf ein doppeltes Zeichen (zum Beispiel Widder/Stier) fällt, ist es ratsam, sich Ihren Aszendenten genau bestimmen zu lassen (siehe Info am Schluß des Buches).

*Beispiel: Helga Mustermann, geb. am 10. 2. 1978 um 21.00 Uhr in Berlin*

| | | | | |
|---|---|---|---|---|
| A | Feld 1 | Ihr Geburtsdatum ergibt Tageszahl | | 125 |
| B | Feld 2 | Ihre Geburtsstunde ergibt Stundenzahl | | 315 (21mal 15) |
| C | Feld 3 | Ihre Geburtsminute ergibt die Minutenzahl | | 0 (0 durch 4) |
| D | Feld 4 | Ihr Geburtsort ergibt die Ortszahl | | 13 |
| E | Zwischensumme 1 | | | 453 |
| F | Sommerzeit (?) | | (–15) ja | – 0 |
| G | Zwischensumme 2 | | | 453 |
| | | Über 360 (?) | (–360) ja | –360 |
| H | **Summe 3** | | | **93** |

Im Beispiel ist der Aszendent (93 in AIII) Waage.

**Hier können Sie Ihren Aszendenten berechnen**

| | | | | |
|---|---|---|---|---|
| A | Feld 1 | Ihr Geburtsdatum ergibt die Tageszahl | | ______ |
| B | Feld 2 | Ihre Geburtsstunde ergibt die Stundenzahl | | ______ |
| C | Feld 3 | Ihre Geburtsminute ergibt die Minutenzahl | | ______ |
| D | Feld 4 | Ihr Geburtsort ergibt die Ortszahl | | ______ |
| E | Zwischensumme 1 | | | ______ |
| F | Sommerzeit (?) | | (–15) | ______ |
| G | Zwischensumme 2 | | | ______ |
| | Über 360 (?) | | (–360) | ______ |
| H | **Summe 3** | | | ______ |

Mein Aszendent lautet: ______________________

## DIE ASZENDENTEN DER WASSERMÄNNER

Wenn Sie Ihren Aszendenten ermittelt haben, können Sie nun im folgenden etwas darüber erfahren, was er über bestimmte Teilbereiche Ihrer Persönlichkeit aussagt (siehe auch die Vorbemerkung am Beginn von Teil II). Haben Sie ein doppeltes Zeichen errechnet, lesen Sie am besten nach, was über beide geschrieben steht – meistens erkennt man dann schon, welches das wahrscheinlichere ist. Sie können sich aber auch den Aszendenten bzw. ein ganzes Horoskop mit allen Gestirnskonstellationen errechnen lassen (siehe die Info am Ende dieses Buches).

### *Aszendent* WIDDER

**Vorteile** Direkt, spontan, dynamisch, durchsetzungsstark
**Nachteile** Ungeduldig, launisch
**Aszendentenherrscher** Mars

Darüber sollte kein Zweifel bestehen: Sie geben den Ton an, Sie treffen die Entscheidungen – und zwar blitzschnell. Gegenargumente interessieren Sie zunächst einmal herzlich wenig! Manche werden Sie daher gelegentlich »skrupellos« nennen, vielleicht sogar einen »Egoisten« ... Aber was soll man machen? Sie sind nun mal ein temperamentvoller Mensch! Außerdem treten Sie ja niemandem grundlos auf die Füße. Also warum sollten Sie auf Ihre spontane, direkte Art verzichten, nur weil Sie von Schlafmützen umringt sind? Man wird doch wohl noch sagen dürfen, was Sache ist ...! Sie behaupten ja auch nicht, daß Sie mit Ihrem Aszendenten Widder ins diplomatische Korps aufgenommen werden möchten oder eine Beamtenkarriere mit dem Prädikat »gute Führung« anstreben. Dafür sind Sie viel zu temperamentvoll und ungeduldig.
Ihre Qualitäten sind ganz anderer Natur: Überall da, wo Neues entsteht, wo expandiert wird, da haben Sie Ihre große Chance. Sie sind der Ausputzer, und das nicht nur auf dem Fußballfeld. Losstürmen, zupacken, durchgreifen – das können Sie wie kaum ein zweiter.
Obwohl nicht gerade feinfühlig, sind Sie trotzdem sehr beliebt. Im Grunde bleiben Sie ein herrlicher Kindskopf bis ins hohe Alter – sind aber auch mit Achtzig noch unfähig, ihre Wut und Ungeduld in den Griff zu kriegen.

*Aszendenten-Check*

*Wie ergänzen sich Sonne und Aszendent?* Ihr Sonnenzeichen Wassermann und Ihr Aszendentenzeichen Widder ergänzen sich großartig. Sie sind ein Mensch mit hohen Idealen, sind inspirierend und sehr sozial. Sie haben eine herrliche und unkomplizierte »Hoppla-jetzt-komm'-ich«-Mentalität, mit der Sie privat wie beruflich weit kommen werden. Denken Sie aber daran, Sie brauchen unbedingt Möglichkeiten, sich frei entwickeln und entfalten zu können.

## *Aszendent* STIER

**Vorteile** Solide, sachlich, praktisch, sinnlich
**Nachteile** Stur, inflexibel
**Aszendentenherrscher** Venus

Von Ihrer Aszendentenkraft her sind Sie ein Praktiker, der das Leben realistisch und mit Hilfe seiner fünf Sinne betrachtet. Wertvoll ist, was gut klingt, angenehm riecht und schmeckt, schön aussieht und sich anfassen läßt. Außerdem sind Sie hedonistisch, also bis in die Zehenspitzen genußorientiert, dabei aber nie leichtsinnig, flatterhaft oder unzuverlässig. Schnaps ist Schnaps, und Dienst ist Dienst! Und ohne Arbeit keine Kohle und ohne Kohle kein Vergnügen! Manche sehen in Ihnen deswegen nichts anderes als einen schnöden Materialisten, ohne zu erkennen, was Sie wirklich sind: Realist nämlich – und praktisch durch und durch, mit beiden Beinen fest auf der Erde.
Was Sie einmal als Ihr Eigentum deklariert haben, lassen Sie sich nur ungern wieder nehmen. Doch Sie sind kein knausriger Mensch; Sie sind durchaus bereit zu teilen, aber niemand darf Sie drängen!
Wenn Sie lieben, würden Sie sogar Ihr letztes Hemd verschenken. In derart rosaroter Stimmung wird aus Ihnen ein Philosoph, der nächtelang über Gott und die Welt räsoniert und sich vom wortkargen und nüchternen Pragmatiker zum redegewandten Charmeur mausert. Ihr Partner darf alles, bloß kein Asket sein – genausowenig aber auch kein lockeres Vögelchen, das Ihr geliebtes Geld zum Fenster rauswirft.

*Aszendenten-Check*

*Wie ergänzen sich Sonne und Aszendent?* Ihr Sonnenzeichen Wassermann und Ihr Aszendentenzeichen Stier sind gegensätzlicher Natur.

Sie sind skeptisch gegenüber Ideen, setzen auf praktische Vernunft und neigen dazu, alles, was nicht hieb- und stichfest ist, abzulehnen. Sie sollten lernen, Ihren eigenen Ideen mehr zu vertrauen und Anregungen und Kritik von geistigen Autoritäten anzunehmen.

*Wichtig für Sie: Wo steht Venus?* Siehe das Kapitel »Das Venushoroskop – Ihre Liebesfähigkeit«!

## *Aszendent* ZWILLINGE

**Vorteile** Gewandt, beredt, vielfältig, kommunikativ
**Nachteile** Zerstreut, unsicher
**Aszendentenherrscher** Merkur

Lässig wie die Rose am Revers tummeln Sie sich durchs Leben, welches Ihnen, solange Sie in guter Verfassung sind, nie eintönig grau, sondern bunt und vielfältig wie der Blick durch ein Kaleidoskop erscheint. Sie beherrschen oft mehrere Sprachen, bestimmt aber einige Dialekte, und könnten ohne weiteres in völlig unterschiedlichen Branchen arbeiten oder das Management führen. Je unterschiedlicher die Aufgaben sind, die man Ihnen stellt, um so besser werden Sie. Am bemerkenswertesten sind Ihr Redetalent und Ihre Fähigkeit, Kontakte zu schließen. Aber Sie wollen das Leben in allen Nuancen auskosten, sind ungeheuer neugierig und möchten möglichst viele Menschen kennenlernen, und dafür muß man eben reden, reden, reden ...
Dogmen, starre Regeln, die Zehn Gebote oder der »Bart des Propheten« lassen Ihnen einen Schauer über den Rücken laufen. Denn Ihrer tiefsten Überzeugung nach hält sich das Leben auch nicht an feste Vorgaben und überkommene Vorstellungen, sondern gleicht eher einer schillernden Seifenblase, einem Glasperlenspiel oder einer Komödie mit ständig wechselnden Rollen.
Es gibt allerdings auch noch ein andere Seite bei Ihnen, der Sie weit weniger Aufmerksamkeit schenken, eine tiefe, hinterfragende, bohrende, verurteilende. Sie spielt Ihren Schatten, dämpft zuweilen Ihren Esprit, zieht Sie sogar manchmal völlig in den Keller.
Freiheit und Unabhängigkeit stehen in Ihrer persönlichen Werteskala an der Spitze, weshalb Sie auch regelmäßig Probleme in festen Beziehungen bekommen.

*Aszendenten-Check*
*Wie ergänzen sich Sonne und Aszendent?* Ihr Sonnenzeichen Wassermann und Ihr Aszendentenzeichen Zwillinge passen beinahe *zu gut* zusammen. Ihr Einfallsreichtum wird nämlich so groß, daß Sie gelegentlich vorsichtig sein müssen, damit Sie sich nicht verlieren.

## *Aszendent* KREBS

**Vorteile** Gefühlvoll, häuslich, sensibel, fürsorglich
**Nachteile** Launisch, abhängig
**Aszendentenherrscher** Mond

Sie sind ein bißchen rätselhaft und verlieren sich am liebsten in Ihrer eigenen oder anderer Leute Psyche. »Seelentaucher« könnte man Sie nennen ... Das Leibliche kommt deswegen aber noch lange nicht zu kurz. Sie sind ein Meister der Küche und würden sich, wenn Sie es drauf anlegten, allemal jede Menge »Kochlöffel« oder »-mützen« verdienen. Aber Sie sind auch scheu. Sie drängen nicht ins Rampenlicht. Über Ihre göttlichen Talente im Bett kann man nur munkeln. Wie kaum jemand anderes können Sie kindlich-ausgelassen albern sein. Aber Sie haben auch Ihre Launen. Wer die verstehen will, studiere zuerst Freuds Psychoanalyse, dann Dantes *Göttliche Komödie* und zum Schluß die hohe Kunst der Zen-Meditation.
In guten Zeiten sind Sie nämlich fröhlich, mit glänzenden Augen, extravertiert. Zwei Tage später vielleicht sind Sie wie verwandelt, stumm, scheu, abwesend, in sich gekehrt und zu wie eine Auster! Rätselhaft! Ein Mensch mit zwei Gesichtern! Und das alles, weil Sie wie kein anderes Tierkreiszeichen vom Mond abhängig sind. Beobachten Sie es einmal: Wird seine Sichel größer, wächst auch Ihr Selbstbewußtsein. Zieht sich der Mond zurück, leidet Ihr Nervenkostüm, die Empfindsamkeit wächst, und aus Angst, sich zu verletzen, ziehen Sie sich hinter Ihren Krebspanzer zurück.

*Aszendenten-Check*
*Wie ergänzen sich Sonne und Aszendent?* Ihr Sonnenzeichen Wassermann und Ihr Aszendentenzeichen sind ausgesprochen konträr. Denn Sie haben sowohl eine besonders starke intellektuelle Veranlagung als auch ein intensives Gefühlsleben. Ihre Aufgabe in diesem Leben ist,

die beiden Seiten miteinander in harmonischer Weise zu verbinden, das heißt, keine Seite zu negieren, aber auch keine zu stark zu betonen.

*Wichtig für Sie: Wo steht der Mond?* Siehe das Kapitel »Das Mondhoroskop – Ihre Gefühle«!

## *Aszendent* LÖWE

**Vorteile** Selbstbewußt, großzügig, herzlich, schöpferisch
**Nachteile** Stolz, träge
**Aszendentenherrscher** Sonne

Sie sind ein ganz besonderer Mensch. Sie gehen, sprechen, lächeln anders – nie unscheinbar, sondern immer mit Ausdruck. Ihr Geschmack ist untrüglich, und weil Sie nur das Echte und Ursprüngliche lieben, ist Ihr Leben ziemlich anspruchsvoll und teuer. Dazu kommt eine ungeheure Vitalität (ja, Sie können auch stinkfaul sein, aber das steht auf einem anderen Blatt).
Zurückhaltung, Bescheidenheit und Schamgefühl kommen in Ihrem Repertoire kaum vor. Sie sagen, was Sie denken, und tun, was Sie wollen – und damit basta! Kein Wunder, daß die anderen den Atem anhalten und Sie offen oder heimlich bewundern.
Gibt es allerdings Spannungen und Widersprüche, geben Sie rasch auf. Sie müssen in solchen Situationen verstehen, daß andere einen gewissen Respekt vor Ihnen haben: Sie werden es nicht so leicht wagen, Ihnen mit Forderungen oder gar Kritik zu nahe zu treten. Denn viele haben den Eindruck, daß Sie bei allem Humor und Großmut doch ziemlich abweisend sein können. Halten Sie darauf Ihr Augenmerk, machen Sie es anderen leichter, an Sie heranzukommen, damit Sie sich nicht – völlig unabsichtlich – selbst isolieren.
Wen Sie lieben, schließen Sie voll in Ihr Herz, aber sich einem Menschen zu unterwerfen empfinden Sie als Selbstaufgabe und Demütigung.

*Aszendenten-Check*
*Wie ergänzen sich Sonne und Aszendent?* Ihr Sonnenzeichen Wassermann und Ihr Aszendentenzeichen Löwe ergänzen sich großartig. Sie werden immer Menschen finden, die Ihnen weiterhelfen. Umgekehrt sind Sie direkt dafür geboren, in einem Team der natürliche Anführer

*Die Sonne ist die wichtigste Kraft in einem Horoskop*

zu sein. Hierarchien sind Ihnen allerdings unangenehm, und auch wenn Sie selbst eine leitende Position innehaben, suchen Sie das Miteinander und kein Übereinander.

## *Aszendent* JUNGFRAU

**Vorteile** Zuverlässig, ehrlich, sachlich, beschwingt
**Nachteile** Pessimistisch, kritisch
**Aszendentenherrscher** Merkur

Geistig fit und jung zu bleiben ist Ihnen sehr wichtig ... genauso wichtig wie ein ordentlicher Gefühlshaushalt. Von Verdrängungen und unausgesprochenen Emotionen halten Sie nämlich nichts – Sie wollen sich mit Ihren Gefühlen auseinandersetzen, darüber reden, um sich ein reines, unbeschwertes Wesen zu erhalten. Sie wissen, Sie schlafen dann besser. So lernen Sie von Kind auf, Ihre Wünsche allmählich in den Griff zu kriegen, wenn nötig, aufzuschieben, bis die Gelegenheit günstiger ist. Oder Sie streichen sie nach dem Motto »Was ich nicht weiß, macht mich nicht heiß« ganz von Ihrer Liste: eine äußerst pragmatische Einstellung.
Diese Vernunft, gepaart mit einer gewissen Nüchternheit, äußert sich auch bei anderen Gelegenheiten: In der Liebe zum Beispiel lodern die Flammen der Leidenschaft zwar durchaus heftig, aber Sie suchen auch ruhigere Freuden wie Freundschaft, Zuneigung, Zärtlichkeit, Fürsorge und Treue.
Anderen gegenüber sind Sie sehr kritisch. Als Entschuldigung läßt sich nur anführen, daß Sie mit sich selbst noch härter umspringen.

*Aszendenten-Check*
*Wie ergänzen sich Sonne und Aszendent?* Ihr Sonnenzeichen Wassermann und Ihr Aszendentenzeichen Jungfrau ergänzen sich zwar, doch das Ergebnis ist nicht nur und automatisch positiv. Sie stellen nämlich sehr hohe Ansprüche an sich, sind aber zugleich ein Mensch, der Egoismus verachtet und sich selbst eher im Hintergrund hält. Das bringt Sie in Schwierigkeiten, weil Sie mehr wollen, als Sie zu leisten bereit sind. Lernen Sie, Ihre Ansprüche allmählich aufzubauen, und versuchen Sie, sich selbst mehr zu lieben. Ein anderes Problem ist Ihre Neigung, der Gefühlswelt einen geringeren Rang im Vergleich zur Ver-

standeswelt einzuräumen. Lernen Sie hier von Menschen, die sehr gefühlvoll sind!

## *Aszendent* WAAGE

**Vorteile** Anmutig, charmant, stilvoll, neutral
**Nachteile** Abhängig, unecht
**Aszendentenherrscher** Venus

Mit Ihrer entgegenkommenden, freundlichen Art gelingt es Ihnen schnell, Kontakt zu anderen zu finden, und Sie wissen sofort, was Ihre Mitmenschen möchten. Bei Ihnen selbst blicken Sie allerdings weniger gut durch. Spontane Entscheidungen fallen Ihnen besonders schwer. Sie müssen alles genau abwägen, und häufig entscheiden dann andere für Sie.

Das ist auch in Partnerschaften der Fall. Wenn Sie am Anfang einer Liebe stehen, mag das noch angehen, aber auch dann, wenn eine Beziehung zu Ende geht, treffen eher Ihre Partner die Entscheidung, obwohl Sie in Wirklichkeit längst mit dem Gedanken einer Trennung gespielt haben.

Kreativität ist Ihnen angeboren. Sie haben Geschmack, Stil und tolle Einfälle. Der Nachteil: Alltagsroutine fällt Ihnen schwer. Am liebsten würden Sie immer nur schwelgen, lieben, die Welt verschönern ... Und zwar nicht nur äußerlich, sondern auch atmosphärisch. Sie sind bemüht, harte Kontraste und kantige Widersprüche in Ihrer Umgebung nach Möglichkeit zu vermeiden. Unter Freunden, in einer Partnerschaft oder Familie genauso wie in einem Arbeitsteam sorgen Sie für eine angenehme, heitere und entspannte Atmosphäre.

Das ist großartig, wenn es darum geht, Konflikte zu vermeiden oder Streithansel zu versöhnen. Aber es kann auch des Guten zuviel werden, nämlich dann, wenn Sie Unstimmigkeiten grundsätzlich aus dem Weg gehen. Lernen Sie, daß ein gewisses Maß an Streit und Auseinandersetzungen zu einem erfüllten Leben gehören!

*Aszendenten-Check*

*Wie ergänzen sich Sonne und Aszendent?* Ihr Sonnenzeichen Wassermann und Ihr Aszendentenzeichen Waage passen beinahe *zu gut* zusammen. Ihr Einfallsreichtum wird nämlich so groß sein, daß Sie gelegentlich aufpassen müssen, sich nicht zu verlieren. Sie sind darüber hinaus sehr schöpferisch, und Sie können diese Talente auch beruflich nutzen.

*Wichtig für Sie: Wo steht Venus?* Siehe das Kapitel »Das Venushoroskop – Ihre Liebesfähigkeit«!

## *Aszendent* SKORPION

**Vorteile** Furchtlos, unergründlich, energisch, leidenschaftlich
**Nachteile** Mißtrauisch, starr
**Aszendentenherrscher** Pluto

Nach außen hin pflegen Sie den Kult des geheimnisvollen Unbekannten: Keiner soll wissen, wie's in Ihrem Inneren aussieht. Sie selbst allerdings lesen in anderen wie in einem offenen Buch: Sie haben den Röntgenblick und einen »körpereigenen Lügendetektor« noch dazu. Gnadenlos decken Sie auf, wo immer mit gezinkten Karten gespielt wird, und legen, wenn's sein muß, den Finger genau in die offene Wunde. Stets sind Sie auf der Suche nach dem Echten und Wahren und weisen alles Künstliche und Oberflächliche kompromißlos ab. Allerdings gibt es bekanntlich immer mehrere Wahrheiten – und hier beginnt das Problem: Sie neigen nämlich dazu, Ihre Meinung (oder diejenige, der Sie sich angeschlossen haben) zur alleinseligmachenden zu erklären. Sie müssen lernen, von einseitigen Vorstellungen loszukommen.
Ihr Lebensstil wird weniger von äußerlicher Bequemlichkeit geprägt als von Entschlossenheit und Konsequenz. Sie brauchen daher Herausforderungen. Es ist sogar so, daß Sie um so mehr leisten, je größer Ihre Aufgaben sind.

*Aszendenten-Check*
*Wie ergänzen sich Sonne und Aszendent?* Ihr Sonnen- und Ihr Aszendentenzeichen sind sehr verschieden, was zu Spannungen führt. Aber Probleme machen Ihnen nicht nur zu schaffen, sondern sie bringen Sie auch weiter – und das ist Ihnen um so wichtiger, je älter Sie werden. Am schwierigsten ist es, damit fertig zu werden, daß Sie sowohl eine tiefe Bindung wünschen als auch frei und unabhängig bleiben wollen.

## *Aszendent* SCHÜTZE

**Vorteile** Optimistisch, aufgeschlossen, mitreißend, jovial
**Nachteile** Unrealistisch, leichtgläubig
**Aszendentenherrscher** Jupiter

Ihr Leben ist eine fortwährende Suche nach Abwechslung und Überraschung, Änderung und Verwandlung: Es gibt für Sie keine größere Horrorvorstellung als die Aussicht, daß alles so bleibt, wie es ist. Als Maßnahme gegen die Langeweile stürzen Sie sich ins Abenteuer, treiben exzessiven Sport, fahren schnelle Autos und verbringen Ihren Urlaub abseits jeder touristischen Trampelroute. Streß und Improvisation sind die Motoren, die Sie antreiben und zu Höchstleistungen trimmen. Karriere machen Sie daher bestimmt nicht dort, wo Routine das wichtigste ist.

Parallel zu draußen ist auch drinnen Action angesagt: Sie kennen die Macht der Phantasie und zaubern daraus wie aus einer magischen Wundertüte immer wieder etwas Neues, Buntes hervor.

Ihr Auftreten ist dynamisch. Ausstrahlung braucht der erfolgreiche Mensch, Faszination, Charisma, Sex-Appeal! Und Sie strotzen von alledem! Wer es sich grundlegend mit Ihnen verderben will, braucht nur die Unwahrheit zu sagen. Lügen verachten Sie. Man darf von Ihnen auch nicht erwarten, daß Sie Ihre aufrichtige Meinung verbergen. Sie sagen, was Sie denken, und verärgern damit oft andere.

*Aszendenten-Check*

*Wie ergänzen sich Sonne und Aszendent?* Sie haben beides, Inspiration und einen gesunden Menschenverstand. Aber Sie brauchen Ziele, die Sie begeistern, und Menschen, die Sie begeistern können. Ihren Hang zu Autoritätskonflikten müssen Sie einfach überwinden, wenn Sie die großen Aufgaben, die Sie sich vorgenommen haben, meistern wollen.

*Wichtig für Sie: Wo steht Jupiter?* Siehe das Kapitel »Das Jupiterhoroskop ...«!

## *Aszendent* STEINBOCK

**Vorteile** Sachlich, objektiv, gerecht, zäh
**Nachteile** Hart, kalt
**Aszendentenherrscher** Saturn

Sie sind ein Mensch für den zweiten Blick, nicht besonders auffällig oder selbstbewußt, auch nicht unbedingt umwerfend charmant. Aber Sie sind entschlossen, zäh und willensstark. So wie die richtigen Steinböcke in den Bergen für ein Leben droben unterm Gipfel geschaffen sind, gehören auch Sie hinauf – und werden dort eines Tages landen. Auf jeden Fall haben Sie die richtigen Voraussetzungen für einen Gipfelsturm: Sie sind genügsam, zäh und ausdauernd.
Ihre berufliche Ausgangslage ist also bestens. Sie sind dafür prädestiniert, Verantwortung zu übernehmen, andere zu führen und ihnen ein Vorbild zu sein. Weil Sie die Dinge »von oben herab« betrachten, vertreten Sie ein übergeordnetes Prinzip, das Sie zum Wohle aller einzusetzen in der Lage sind. In der Organisation und Verwaltung leisten Sie Hervorragendes.
Doch alles hat seinen Preis. Weil Sie für einen harten Lebenskampf gerüstet sind, ist Ihr Gefühlsleben entsprechend spärlich. Sie haben in aller Regel schon früh erfahren, daß das mit den Gefühlen so eine Sache ist, daß sie verletzlich und hilflos machen … Also besser, man zeigt sie nicht. Daraus wurde mit der Zeit eine Gewohnheit.

*Aszendenten-Check*
*Wie ergänzen sich Sonne und Aszendent?* Ihr Sonnenzeichen Wassermann und Ihr Aszendentenzeichen Steinbock verkörpern völlig entgegengesetzte Kräfte. Infolge Ihres Wassermann-Naturells suchen Sie Kontakt, Leichtigkeit und Zerstreuung. Ihre Steinbockveranlagung jedoch setzt Sie unter Druck, vorsichtig, kritisch und distanziert vorzugehen. Dieser Widerspruch kann dazu führen, daß Sie sich und anderen gegenüber sehr hart sind, was Schwächen und Fehler betrifft. Im Lauf Ihres Lebens wird aus dem »Entweder-Oder« allerdings ein »Und« bzw. ein »Sowohl-als-auch«. Sie werden das Kunststück vollbringen, Leichtigkeit und Schwere, Muße und Alltag miteinander zu verbinden.

## *Aszendent* WASSERMANN

**Vorteile** Human, frei, unkonventionell, erfinderisch
**Nachteile** Abgehoben, nervös
**Aszendentenherrscher** Uranus

Sie haben eine doppelte Wassermannatur, weil Sie sowohl vom Sonnen- als auch vom Aszendentenzeichen her Wassermann sind. Nun kommt es allerdings ganz darauf an, ob Sie vor oder nach Sonnenaufgang geboren wurden. Diese Unterscheidung ist in der Astrologie äußerst wichtig. Sie sollten sich daher ein sogenanntes Radixhoroskop erstellen lassen (siehe Info am Ende des Buches), denn nur anhand eines solchen Geburtshoroskops läßt sich diese wichtige Frage entscheiden. Vielleicht finden Sie es aber auch beim weiteren Lesen heraus.
Wurden Sie vor – oder auch genau bei – Sonnenaufgang geboren, steht Ihre Sonne im ersten Haus. Dann sind Sie ein ungeheuer lebendiger, aktiver, schöpferischer, einfallsreicher, betont unabhängiger und freiheitsliebender Mensch. Für Sie trifft all das, was im ersten Teil dieses Buches über Wassermann-Geborene gesagt wurde, in besonderem Maße zu. Was Ihren Beruf betrifft, sollten Sie unbedingt möglichst unabhängig arbeiten und danach streben, sich selbständig zu machen.
Wurden Sie hingegen nach Sonnenaufgang geboren, sind Sie eher ein nachdenklicher, sensibler Mensch, der es nicht leicht hat, seine Wassermanneigenschaften zu leben. Sie verfügen dafür über besondere mentale Begabungen, treffen den Zeitgeschmack und sind Ihrer Zeit häufig voraus. Durch unkonventionelles und schöpferisches Denken können Sie neue (berufliche) Wege einschlagen. Wichtig ist, daß Sie Ihr soziales Verantwortungsgefühl entwickeln, denn Sie sind ein Mensch, den es nicht glücklich macht, wenn er nur an sich selbst denkt: Sie haben anderen – der Gesellschaft als Ganzes – etwas zu geben.

*Aszendenten-Check*
*Wie ergänzen sich Sonne und Aszendent?* Sonnen- und Aszendentenzeichen sind gleich und verstärken sich gegenseitig.

## *Aszendent* FISCHE

**Vorteile** Geheimnisvoll, intuitiv, sensibel, verständnisvoll
**Nachteile** Unsicher, unrealistisch
**Aszendentenherrscher** Neptun

Sie sind ein ewiges Rätsel! Naiv wie ein Kind, mysteriös wie eine Sphinx – mal messerscharf denkend, ja fast schon genial, dann wieder völlig abwesend, träumend, zerstreut, unfähig, die einfachsten Dinge auf die Reihe zu bringen. Gewöhnungsbedürftig für alle, die mit Ihnen leben, sind die Phasen, in denen Sie im Chaos versinken, sich gehenlassen und vernachlässigen.
Am erstaunlichsten ist Ihre Intuition – Ihre fast schon übersinnlichen Fähigkeiten: als könnten Sie Gedanken lesen, in die Zukunft blicken und hellsehen. Als Frau sind Sie noch eine Spur mysteriöser, obwohl Sie als Mann natürlich ebenfalls diesen »Faktor X« besitzen, ihn aber lieber vor der Öffentlichkeit verbergen. Auf der anderen Seite lassen Sie auch kaum ein Fettnäpfchen aus: Wenn's darum geht, sich so richtig schön danebenzubenehmen, kann Ihnen keiner das Wasser reichen! Auch das ist ein Grund, warum Sie sich oft so einsam und unverstanden fühlen: »Keiner liebt mich, keiner versteht mich ...« – ist das nicht Ihr Lieblingsvorwurf gegenüber dem Rest der Welt? Irgendwann werden Sie verstehen, warum Sie häufig allein sind: weil Sie so am glücklichsten sind! Das heißt jetzt nicht, daß Sie ins Kloster oder ins Himalajagebirge gehören. Im Gegenteil! Sie sind eine derartig schillernde und reizende Person, daß es nichts Schöneres gibt, als mit Ihnen den ewigen Reigen der Wassernymphen und Faune zu tanzen: locken, sich fangen lassen, entkommen, lachen und davonlaufen ...

*Aszendenten-Check*
*Wie ergänzen sich Sonne und Aszendent?* Diese Mischung macht Sie widersprüchlich, denn Sie wollen beides: allein sein und viel sozialen Kontakt haben.

# *Das Mondhoroskop –* IHRE GEFÜHLE

Im folgenden Kapitel geht es darum, in welchem Zeichen der Mond zum Zeitpunkt Ihrer Geburt stand. Denn der Mond ist in der Astrologie neben der Sonne das bedeutsamste Gestirn.

*Mondzeichen*

**Der Mond**

*»Au clair de la lune,*
*mon ami Pierrot,*
*prête-moi ta plume,*
*pour écrire un mot.*
*Ma chandelle est morte,*
*je n'ai plus de feu.*
*Ouvre-moi ta porte*
*pour l'amour de Dieu.«*

*Im Schein des Mondes,*
*mein Freund Pierrot,*
*leih mir deine Feder,*
*um ein Wort zu schreiben.*
*Meine Kerze ist aus,*
*ich habe kein Feuer mehr.*
*Öffne mir deine Türe*
*um der Liebe Gottes willen.*

Französisches Volkslied

In einem Schöpfungsmythos heißt es, der Mond sei ein Kind der Erde. Ein anderer beschreibt ihn als Teil unseres Planeten, den dieser aus sich herausgerissen und in den Himmel geschleudert habe, um damit Raum für das Wasser der großen Ozeane zu schaffen: Und dieses Wasser brachte der Erde Fruchtbarkeit. Zu letzterer Geschichte würde passen, daß das Volumen des Mondes, großzügig bemessen, etwa so groß ist wie der Raum, den alle Meere zusammen einnehmen. Doch schon die frühesten Analysen von Mondgestein ergaben, daß Mond und Erde wegen des signifikanten Unterschieds der Beschaffenheit eine andere Entstehungsgeschichte haben müssen.

In allen Mythen, Geschichten und Erzählungen über den Mond wird er als weiblich, die Sonne hingegen als männlich gesehen. In den romanischen Sprachen setzt sich diese Tradition im grammatischen Geschlecht fort: So heißen Mond und Sonne beispielsweise im Italienischen *la luna* und *il sole* und im Französischen *la lune* und *le soleil*.

Von einem Vollmond bis zum nächsten verstreichen 28 Tage. Genauso lange dauert der Zyklus einer Frau. Schon dadurch ist die Beziehung zwischen Weiblichkeit und Mond überdeutlich: Die Sonne wird mit dem Männlichen assoziiert, der Mond mit dem Weiblichen.

| **Sonne** | **Mond** |
|---|---|
| männlich | weiblich |
| Vater | Mutter |
| direkt | indirekt |
| ausstrahlend | empfangend |
| Verstand | Gefühl |
| aktiv | passiv |
| bestimmend | sorgend |
| logisch | intuitiv |

Auch in der Astrologie verkörpert die Sonne zunächst einmal den Mann und der Mond die Frau. Die Frau ist ihrem Mond näher als ihrer Sonne.

Nehmen wir als Beispiel eine Dame mit der Sonne im Widder (also dem Tierkreiszeichen Widder) und dem Mond im Krebs. Sie wird sich nicht richtig verstanden fühlen, wenn sie in einem Astrologiebuch über ihr Tierkreiszeichen Widder liest, sie sei dynamisch, rücksichtslos, spontan, selbstsicher. Erfährt sie jedoch dann, was über den Mond im Krebs geschrieben steht – gefühlvoll, häuslich, anhänglich, fürsorglich –, wird sie sich sofort wiedererkennen. Mit anderen Worten, eine Frau müßte eigentlich bei ihrem Mondzeichen nachlesen und nicht bei ihrem Sonnen- bzw. Tierkreiszeichen. Die gängige Astrologie ist offenbar stark am Mann orientiert: Ein Sonnen- oder Tierkreiszeichen-Horoskop findet man beinahe in jeder Zeitung, das Mondzeichen-Horoskop hingegen in kaum einer einzigen – was aber natürlich auch daran liegen dürfte, daß das Mondzeichen für den Leser schwieriger als das Sonnenzeichen zu ermitteln ist.

Je eher eine Frau jedoch ihre traditionelle Rolle verändert, nicht mehr nur Mutter und Hausfrau ist, sondern »ihren Mann steht«, um so mehr wird sie auch ihre Sonne leben. Allerdings wäre es jetzt wiederum völlig falsch, ihren Mond unberücksichtigt zu lassen.

Eine bewußte und emanzipierte Frau schöpft idealerweise aus Sonne und Mond: Führungsaufgaben, die von Männern in der Regel hierarchisch-gebieterisch gelöst werden, gehen Frauen meist anders an – sie lassen mehr Nähe (Mond) zu und können ihre Mitarbeiter dadurch viel besser motivieren. Auch bei Entscheidungen sind Frauen, die sowohl Logik (Sonne) als auch Intuition (Mond) zulassen können, Männern – wenn letztere sich denn nur »nach der Sonne richten« – um ein beträchtliches überlegen.

Sind bei einer Tätigkeit die dem Mond zugeschriebenen Eigenschaften beteiligt, fühlt man sich wohl, zu Hause, geborgen, mit sich stimmig. Darüber hinaus gibt es viele Bereiche, in denen mit Gefühl, Intuition, Geschmack, Ahnung, Atmosphäre und Stimmigkeit besser und erfolgreicher gearbeitet werden kann. Man denke nur an Kunst, Politik und das Heilen. Aber auch in der Wirtschaft müssen immer wieder Entscheidungen getroffen werden, bei denen man nichts in der Hand hat als eben ein gutes bzw. ein schlechtes Gefühl.

## DIE ERMITTLUNG DES MONDZEICHENS

Um »Ihren persönlichen Mond« zu finden, gehen Sie nach der folgenden Beschreibung vor:

A Entnehmen Sie Ihre Jahres-Monatszahl der *Tabelle 1*:

| Jahr* | Jan. | Feb. | Jahr | Jan. | Feb. | Jahr | Jan. | Feb. |
|---|---|---|---|---|---|---|---|---|
| 1920 | 38 | 91 | 1948 | 163 | 215 | 1976 | 278 | 326 |
| 1921 | 194 | 241 | 1949 | 305 | 350 | 1977 | 56 | 100 |
| 1922 | 317 | 1 | 1950 | 67 | 114 | 1978 | 178 | 227 |
| 1923 | 80 | 128 | 1951 | 193 | 245 | 1979 | 317 | 9 |
| 1924 | 210 | 263 | 1952 | 335 | 25 | 1980 | 89 | 136 |
| 1925 | 4 | 51 | 1953 | 115 | 159 | 1981 | 226 | 270 |
| 1926 | 126 | 172 | 1954 | 237 | 283 | 1982 | 349 | 40 |
| 1927 | 250 | 299 | 1955 | 5 | 58 | 1983 | 127 | 181 |
| 1928 | 22 | 76 | 1956 | 145 | 196 | 1984 | 260 | 306 |
| 1929 | 175 | 221 | 1957 | 285 | 330 | 1985 | 36 | 80 |
| 1930 | 296 | 341 | 1958 | 47 | 93 | 1986 | 161 | 212 |
| 1931 | 59 | 109 | 1959 | 177 | 230 | 1987 | 296 | 351 |
| 1932 | 194 | 248 | 1960 | 316 | 6 | 1988 | 71 | 117 |
| 1933 | 345 | 31 | 1961 | 95 | 140 | 1989 | 205 | 250 |
| 1934 | 107 | 152 | 1962 | 216 | 264 | 1990 | 333 | 24 |
| 1935 | 230 | 280 | 1963 | 349 | 43 | 1991 | 109 | 161 |
| 1936 | 7 | 60 | 1964 | 126 | 176 | 1992 | 242 | 287 |
| 1937 | 155 | 200 | 1965 | 266 | 310 | 1993 | 15 | 60 |
| 1938 | 277 | 322 | 1966 | 27 | 74 | 1994 | 144 | 197 |
| 1939 | 40 | 90 | 1967 | 161 | 215 | 1995 | 280 | 331 |
| 1940 | 180 | 232 | 1968 | 297 | 346 | 1996 | 53 | 97 |
| 1941 | 325 | 10 | 1969 | 76 | 121 | 1997 | 185 | 230 |
| 1942 | 87 | 133 | 1970 | 197 | 245 | 1998 | 316 | 9 |
| 1943 | 211 | 262 | 1971 | 334 | 27 | 1999 | 91 | 142 |
| 1944 | 351 | 43 | 1972 | 107 | 156 | 2000 | 223 | 268 |
| 1945 | 135 | 180 | 1973 | 246 | 290 | 2001 | 355 | 42 |
| 1946 | 258 | 303 | 1974 | 7 | 57 | 2002 | 128 | 181 |
| 1947 | 22 | 73 | 1975 | 145 | 199 | 2003 | 261 | 313 |

B Entnehmen Sie Ihre Tageszahl aus *Tabelle 2*:

| Tag | Zahl | Tag | Zahl | Tag | Zahl |
|---|---|---|---|---|---|
| 1. | 0 | 11. | 132 | 21. | 265 |
| 2. | 13 | 12. | 145 | 22. | 278 |
| 3. | 26 | 13. | 159 | 23. | 291 |
| 4. | 40 | 14. | 172 | 24. | 304 |
| 5. | 53 | 15. | 185 | 25. | 317 |
| 6. | 66 | 16. | 199 | 26. | 331 |
| 7. | 79 | 17. | 212 | 27. | 344 |
| 8. | 92 | 18. | 225 | 28. | 357 |
| 9. | 105 | 19. | 238 | 29. | 11 |
| 10. | 119 | 20. | 252 | 30. | 24 |
| | | | | 31. | 37 |

C Entnehmen Sie die Stundenzahl aus *Tabelle 3*:

| Geboren um | Punkte | Geboren um | Punkte |
|---|---|---|---|
| 0–2 Uhr | –6 | 12–14 Uhr | +1 |
| 2–4 Uhr | –5 | 14–16 Uhr | +2 |
| 4–6 Uhr | –4 | 16–18 Uhr | +3 |
| 6–8 Uhr | –3 | 18–20 Uhr | +4 |
| 8–10 Uhr | –2 | 20–22 Uhr | +5 |
| 10–12 Uhr | –1 | 22–24 Uhr | +6 |

Ohne Geburtszeit beträgt die Stundenzahl 0.

* Sämtliche Planetentabellen beginnen mit dem Jahr 1920. Das bedeutet jedoch in gar keiner Weise, daß ältere Leser nicht angesprochen werden sollten. Aber irgendwo muß einfach ein Schnitt gezogen werden. Älteren Lesern wird empfohlen, sich ihre Planetenpositionen anhand eines Geburtshoroskops berechnen zu lassen (siehe Info am Ende dieses Buches).

*Beispiel: Geburtstag am 27. Januar 1978, -zeit 17.30 Uhr:*

| | | | |
|---|---|---|---|
| A | Jahres-Monatszahl | | 178 |
| B | Tageszahl | | 344 |
| C | Stundenzahl | | 3 |
| Summe | | | 525 |
| wenn über | | 360 (–360) | 360 |
| **Summe total** | | | **165** |

Das Mondzeichen lautet Jungfrau. Für dieses Beispiel kommt also der Text »Mond in der Jungfrau« in Frage. Ergibt sich ein doppeltes Mondzeichen, können beide Textabschnitte richtig sein.

Hier können Sie Ihren persönlichen Mond bestimmen:

| | | | |
|---|---|---|---|
| A | Jahres-Monatszahl | | _______ |
| B | Tageszahl | | _______ |
| C | Stundenzahl | | _______ |
| Summe | | | _______ |
| wenn über | | 360 (–360) | _______ |
| **Summe total** | | | _______ |

**Die Auswertung:**

| Total | Mond im Zeichen |
|---|---|
| 9–20 | Widder |
| 21–38 | Widder/Stier |
| 39–50 | Stier |
| 51–68 | Stier/Zwillinge |
| 69–80 | Zwillinge |
| 81–98 | Zwillinge/Krebs |
| 99–110 | Krebs |
| 111–128 | Krebs/Löwe |
| 129–140 | Löwe |
| 141–158 | Löwe/Jungfrau |
| 159–170 | Jungfrau |
| 171–188 | Jungfrau/Waage |
| 189–200 | Waage |
| 201–218 | Waage/Skorpion |
| 219–230 | Skorpion |
| 234–248 | Skorpion/Schütze |
| 249–260 | Schütze |
| 261–278 | Schütze/Steinbock |
| 279–290 | Steinbock |
| 291–308 | Steinbock/Wasserm. |
| 309–320 | Wassermann |
| 321–338 | Wassermann/Fische |
| 339–350 | Fische |
| 351–8 | Fische/Widder |

Ihr persönliches Mondzeichen lautet ____________________

## DIE MONDZEICHEN DER WASSERMÄNNER

Wenn Sie Ihr Mondzeichen herausgefunden haben, können Sie nun ähnlich wie beim Aszendenten im folgenden etwas darüber erfahren, was es über Ihre Persönlichkeit aussagt (siehe auch die Vorbemerkung am Beginn von Teil II dieses Buches). Haben Sie ein doppeltes Zeichen ermittelt, lesen Sie wieder am besten nach, was über beide Zeichen geschrieben steht – Sie erkennen dann wie gesagt sicher schon, welches das zutreffendere ist. Im Zweifelsfall können Sie sich aber auch ein genaues Horoskop errechnen lassen (siehe Info am Ende des Buches).

### *Mond im Widder* – FEURIG

**Mondstärken** Gern etwas unternehmen. Direktheit, Selbständigkeit, Ichhaftigkeit. Suche nach eigenständiger Wirksphäre. Intensives Phantasieleben. Musikalische oder bildnerische Begabung. Unkonventionelle berufliche Wege einschlagen. Ideenträger sein. Erspüren von Macht

**Mondschwächen** Aggressivität. Spannung

Sie sind ein außergewöhnlich reizender Mensch, wirken jung, unschuldig, unkompliziert, und ein entwaffnender Charme nimmt Ihrem Angriff jeden Stachel. Sie äußern sich sofort, wenn Ihnen etwas nicht paßt. Diplomatie zählt nicht zu Ihren Stärken. Sie geben sich unverstellt und haben Ihr Herz am rechten Fleck. Sie können aber auch, und das erstaunt bei Ihnen, sehr empfindlich sein. Versucht man, Ihre Angriffe zu parieren, reagieren Sie mit so großer Betroffenheit, daß man seine eigene Rage schnell wieder vergißt. Am schlechtesten ertragen Sie, wenn Sie übersehen werden: Ohne Erfolgserlebnisse wandeln Sie sich trotz Ihres feurigen Widdermonds in ein Lamm, das resigniert auf bessere Zeiten wartet.

*Ihre Liebesfähigkeit:* Wer Sie liebt, lebt im siebten Himmel oder in der zehnten Hölle. Andere Varianten des Daseins gibt es für Sie kaum. Mit Ihnen kann man reisen, jeden Sport treiben und jederzeit ein gemeinsames Geschäft eröffnen. Eine Person, die zu Hause geduldig auf ihren Allerliebsten wartet, sind Sie aber gewiß nicht.

*Mond-Check*
*Wie weiblich macht mich mein Mond?* Nicht besonders stark. Widder ist ein sehr männliches Zeichen.
*Wie mütterlich macht mich mein Mond?* Sie sind der Typ »Kumpel zum Pferdestehlen«, aber kein ausgeprägter Muttertyp.
*Wie gefühlvoll macht mich mein Mond?* Sie sind sehr feurig. Aber das bedeutet nicht, daß Sie besonders gefühlvoll sind.
*Wie intuitiv macht mich mein Mond?* Sie haben starke Ahnungen und Wahrträume.

## *Mond im Stier* – ERDIG

**Mondstärken** Gern leben und genießen. Gefestigtes Gefühlsleben. Naturliebe. Musikalität (besonders Gesang). Sammelleidenschaft. Gutmütigkeit. Häuslichkeit. Geschmack. Praktische Begabung. Fühlen, was Sache ist. »Geld riechen«
**Mondschwächen** Antriebsarmut. Materialismus

Sie stehen mit beiden Füßen fest auf Mutter Erde, aber nur dort, wo etwas gedeiht. Sie handeln und denken praktisch und verlieren nie den finanziellen Aspekt aus den Augen. Über Geldmangel brauchen Sie jedenfalls nicht zu klagen. Denn wer den Mond im Stier hat, den beschenken auch die Sterne. Zudem sind Sie eine äußerst sinnliche Person. Und mit diesem Potential glänzen Sie nicht nur in der Liebe. Sie können beispielsweise phantastisch kochen.

*Ihre Liebesfähigkeit:* Eine hervorstechende Eigenschaft ist Ihr Mut. Sie folgen einem Partner in die Antarktis oder heiraten einen Zirkusartisten. Ausgefallenes oder Skurriles weckt Ihr Interesse und nicht selten Ihre Leidenschaft. Sie suchen einen richtigen Partner, weil Sie wissen, daß Sie auch allein leben könnten. Im anderen Lager stehen Sie daher hoch im Kurs. Sie beschwören einerseits den Traum von himmlischer Liebe, entsprechen aber gleichzeitig dem Wunsch nach einem sehr bodenständigen, praktischen Partner. Im Umgang mit Ihnen zählt Respekt. Auf Achtlosigkeit reagieren Sie zunächst höflich, dann kalt, und schließlich schwören Sie Rache – und führen sie aus.

*Mond-Check*

*Wie weiblich macht mich mein Mond?* Sie sind sehr weiblich; beinahe so etwas wie der Inbegriff von Weiblichkeit (so Sie eine Frau sind).
*Wie mütterlich macht mich mein Mond?* Sie haben gern Kinder und Familie.
*Wie gefühlvoll macht mich mein Mond?* Sie besitzen ein sehr natürliches und selbstverständliches Gefühlsleben.
*Wie intuitiv macht mich mein Mond?* Sie sind allen Geschöpfen der Natur sehr nah und beziehen aus der Natur Kraft und Intuition.

## *Mond in den Zwillingen* – HEITER

**Mondstärken** Gern reden und kontaktieren. Vielseitigkeit, Ausdrucksfähigkeit, Kontakt- und Kommunikationsfreude. Schriftstellerische Begabung. Leichter Zugang zum Seelischen. Andere Menschen intuitiv erfassen. Sich gut darstellen können. Andere überzeugen können

**Mondschwächen** Oberflächlichkeit. Manipulation. Enttäuschungen

Mit Ihrem Zwillingemond sind Sie ein heiterer, fröhlicher Mensch, der sein Gefühlsleben prima im Griff hat. Besondere Talente besitzen Sie darin, andere zu unterhalten und zwischen Menschen zu vermitteln. Sie werden daher gern von solchen aufgesucht, die allein sind. Über Ihre Gefühle zu reden macht Ihnen keinerlei Probleme. Mit Unausgesprochenem, Erfühltem und Erahntem können Sie wenig anfangen. Das hilft Ihnen zwar, einen klaren Kopf zu bewahren. Aber es entgeht Ihnen auch etwas, nämlich die schöne Erfahrung, sich in Zusammenhänge eingebunden zu erleben, die den eigenen Verstand übersteigen. Sich einfach einmal von den Wogen der Gefühle mitreißen zu lassen und sich ihnen hinzugeben, das sollten Sie ausprobieren.

*Ihre Liebesfähigkeit:* Auch die Liebe nehmen Sie wie Ihr Leben: leicht, bunt und bar aller Ernsthaftigkeit. Einem Schmetterling gleich flattern Sie von einem Höhepunkt zum nächsten und, wenn sich die Gelegenheit ergibt, auch mal von einem Partner zum anderen. Ihre Unabhängigkeit ist Ihnen so wichtig, daß Sie lieber allein leben, als in einer engen Zweierbeziehung zu ertrinken (wie Sie es nennen). Sie brauchen Ihre Freiheit.

*Mond-Check*

*Wie weiblich macht mich mein Mond?* Das Zeichen Zwillinge ist ein männliches; entsprechend männlich sind auch Sie.

*Wie mütterlich macht mich mein Mond?* Sie sind absolut kein »Muttertyp«.

*Wie gefühlvoll macht mich mein Mond?* Sie haben schwer Zugang zu tiefen Gefühlen.

*Wie intuitiv macht mich mein Mond?* Sie sind sehr intuitiv und berühren leicht Seelisches.

## *Mond im Krebs* – GEFÜHLVOLL

**Mondstärken** Gern für andere dasein. Die Umwelt atmosphärisch erfassen. Erlebnistiefe. Seelische Beeindruckbarkeit. Naturverbundenheit. Starke unbewußte Kräfte. Mütterlichkeit. Häuslichkeit. Starkes Innenleben. Einfühlungsgabe. Weibliche Logik. Telepathische Fähigkeiten

**Mondschwächen** Täuschungen. Sich im Unbegriffenen verstricken. Probleme durch gespannte Mutterbeziehung

Sie können scherzen wie ein übermütiges Kind und die Welt mit glänzenden Augen betrachten. Sie können aber auch stumm, scheu, in sich gekehrt, abwesend und wie von einem unsichtbaren Panzer umgeben erscheinen. Wer den Mond im Krebs hat, verändert sich mit dem Wandel dieses Trabanten. Wird seine Sichel schmäler, ziehen Sie sich zurück. Nähert er sich jedoch seiner vollen, strahlenden Gestalt, wächst auch Ihr Mut. Streß und Druck versetzen Sie in Panik. Sie erledigen dann zwar Ihre Arbeit, aber von Ihrer Genialität bleibt wenig übrig.

*Ihre Liebesfähigkeit:* Die Liebe beherrschen Sie am vollkommensten. Sie sind anschmiegsam und lieben das Behagliche und auch Beharrliche. Um der Liebe willen würden Sie selbst am Nordpol leben; und auch dort wird es dann fein und kuschelig. Natürlich hat soviel Hingabe ihren Preis: Menschen mit dem Mond im Krebs wollen ihren Partner ganz und immer. Kompromisse gibt es nicht.

*Mond-Check*
*Wie weiblich macht mich mein Mond?* Der Krebsmond macht Sie extrem weiblich.
*Wie mütterlich macht mich mein Mond?* Eigene Kinder und eine Familie, für die Sie sorgen können, gehören zum Wichtigsten in Ihrem Leben.
*Wie gefühlvoll macht mich mein Mond?* Sie haben ein sehr starkes Gefühlsleben.
*Wie intuitiv macht mich mein Mond?* Ihre Träume und Ihre Intuition haben große Tiefe. Sie verfügen außerdem über große heilerische Fähigkeiten.

## *Mond im Löwen* – STOLZ

**Mondstärken** Sich gern darstellen. Selbstvertrauen haben. Verantwortung übernehmen können. Künstlerische Kreativität. Ausdruckskraft. Sich für Schwächere einsetzen. Gerechtigkeitsempfinden. Unternehmungsgeist und Risikofreude. Schauspielerische Talente. Andere positiv motivieren können. Repräsentieren können
**Mondschwächen** Autoritätsprobleme mit weiblichen Vorgesetzten. Anlage zu Theatralik und Cholerik

Sie zeichnen sich durch einen superben Geschmack und eine untrügliche Nase für das Echte aus, sind vital, schöpferisch, originell, und Sie besitzen ein Herz aus purem Gold. In gewisser Weise ähneln Sie ganz dem Löwen, dem König unter den Tieren; auch in Ihren Adern fließt freies, ja königliches Blut. Die Beziehung zum Feuerelement ist ausgesprochen stark. Feuer, Wärme, Sonne sind Ihr Lebenselixier. Sie müssen daher immer wieder in den Süden, um Hitze aufzutanken.

*Ihre Liebesfähigkeit:* Wer mit Ihnen lebt, muß über ein Thema erhaben sein: Gleichberechtigung. Eine Frau oder ein Mann mit dem Mond im Löwen führen an und bestimmen den Ton. Dafür besitzt man in Ihnen einen Schatz, eine lächelnde Sonne, einen Menschen, der auf der angenehmen und erfolgreichen Seite des Lebens geht. Da muß Ihr Partner schon diesen Einsatz bringen ...

*Mond-Check*

*Wie weiblich macht mich mein Mond?* Löwemond-Menschen sind feurig und stark.

*Wie mütterlich macht mich mein Mond?* Sie spielen gern Mutter und verwöhnen andere.

*Wie gefühlvoll macht mich mein Mond?* Sie haben spontane, feurige Gefühle, verlieren sie aber auch schnell wieder.

*Wie intuitiv macht mich mein Mond?* Licht und Wärme nährt Ihre Intuition und führt zu großer Kreativität und Schöpferkraft.

***Eine besondere Mondphase beim Mond im Löwen: Vollmond***

*Sie sind in der Vollmondphase (zwei Tage vor bis zwei Tage nach dem Vollmond) geboren und damit ein besonderer Mensch. Denn Sie tragen in sich die lebendige Spannung zwischen Mann und Frau am deutlichsten. Das führt zu einem reichen und faszinierenden Beziehungsleben. Es kann aber auch große Konflikte für Partnerschaft und Liebe bringen.*

*Schau, der goldene Mond dort:*
*Er ißt Pomeranzen,*
*Schalen, die er fortwirft,*
*auf dem Wasser tanzen.*

Spanischer Kinderreim

## *Mond in der Jungfrau* – FRÖHLICH

**Mondstärken** Gern organisieren, ordnen, ausführen. Fähigkeit zu gewissenhafter Prüfung. Hochentwickelter Sozialgedanke. Gespür für alle Bereiche, die mit Gesundheit zu tun haben. Zugang zu geheimem Wissen. Feines Gespür. Pflichtgefühl. Konzentrationsfähigkeit. Bewußtsein für Ernährung

**Mondschwächen** Ungelebte Emotionen manifestieren sich als psychosomatische Störungen

Sie sind äußerst anpassungsfähig. Sie stellen sich nur ungern gegen den Wind, »floaten« lieber und richten sich wie ein leichter Segler nach sanften Brisen. Sie drängeln auch nicht nach vorn. Bescheidenheit gehört zu Ihrem Naturell, und gegen jede Art von Hochstapelei sind Sie richtiggehend allergisch.

*Ihre Liebesfähigkeit:* Sie haben ein ausgesprochen fröhliches Naturell und trachten danach, Ihr eigenes Leben und das Ihres Partners so angenehm wie möglich zu gestalten. Aus allem das Beste zu machen, darin sind Sie sogar ein unübertroffener Meister. Ihre eigene Stimmung ist oft abhängig von der Ihres Partners. Fühlt er sich glücklich, sind Sie es auch. Was Ihre Treue anbelangt, sind Sie das Spiegelbild Ihres Partners: Was er sich leistet, leisten Sie sich auch. Selten brechen Sie als erste(r) aus. Geschieht es dennoch, ist das garantiert ein Zeichen dafür, daß der Energiefluß zwischen Ihnen und Ihrem Partner nicht mehr stimmt.

*Mond-Check*

*Wie weiblich macht mich mein Mond?* Eher mädchenhaft als weiblich (und burschikos beim Mann). Jungfrau ist ein weibliches Zeichen, und entsprechend weiblich sind Sie auch selbst.

*Wie mütterlich macht mich mein Mond?* Sie können die Aufgaben einer Mutter erfüllen, fühlen sich aber eher zu etwas anderem berufen.

*Wie gefühlvoll macht mich mein Mond?* Gefühlen gegenüber sind Sie eher mißtrauisch.

*Wie intuitiv macht mich mein Mond?* Die Natur ist Ihre große Lehrmeisterin. Sie können durch Wissen und Ihre heilenden Gaben ein Segen für andere Menschen werden.

*Frau Mond schenkt Geborgenheit, Fruchtbarkeit und Intuition*

## *Mond in der Waage* – VERLIEBT

**Mondstärken** Andere spüren können. Gern unter Leuten sein. Kontaktfreude. Sinn für Ästhetik, Kunst, Schönheit. Verbindend und ausgleichend sein. Gerechtigkeitsliebe

**Mondschwächen** Sich schlecht entscheiden können. Allein unsicher sein. Antriebsarmut. Überempfindlichkeit

In Ihrer gefühlsmäßigen Stimmung richten Sie sich stark nach der Zuneigung und Sympathie Ihrer Mitmenschen. Ihr großes Bedürfnis nach Harmonie und Ihr Widerwille gegen Streit und Konfrontation kann Sie allerdings dazu verleiten, bestehende Differenzen der äußeren Form zuliebe nicht wahrhaben zu wollen. Das Aushalten und Akzeptieren von derartigen Ecken und Kanten im Leben bringt Sie einer ganzheitlichen Lebenserfahrung näher. Menschen, die selber nicht so ausgeprägt beziehungsorientiert sind, fühlen sich von Ihnen oft angezogen. Nach außen hin wirken Sie stark. Kennt man Sie aber näher, entdeckt man eine sensible Seele, Kinderträume und eine starke Suche nach Harmonie. Sie sind für die hübsche Seite des Lebens geboren. Mit der täglichen Routine hingegen haben Sie Ihre liebe Not.

*Ihre Liebesfähigkeit:* Sie sind der hingebungsvollste, einfühlsamste, zarteste, bezauberndste Mensch. Trotzdem zweifeln Sie immer zuerst an sich selbst, wenn Disharmonie aufkommt, und geben sich die Schuld an einer gescheiterten Beziehung. Hier sollten Sie lernen, sich stärker abzugrenzen und ruhig etwas egoistischer zu denken.

*Mond-Check*

*Wie weiblich macht mich mein Mond?* Er macht Sie zärtlich, einfühlsam und weiblich, aber nicht besonders weiblich.
*Wie mütterlich macht mich mein Mond?* Sie können sich Kindern gegenüber schlecht durchsetzen.
*Wie gefühlvoll macht mich mein Mond?* Sie mögen Stimmungen, haben aber Probleme mit starken Emotionen.
*Wie intuitiv macht mich mein Mond?* Sie sind sehr sensibel und ungeheuer phantasievoll.

## *Mond im Skorpion* – LEIDENSCHAFTLICH

**Mondstärken** Hinterfragen und aufdecken.
Im Krisenfall stark werden. Verantwortung übernehmen.
Okkulte, hellseherische, magische Fähigkeiten.
Mit suggestiver Ausstrahlung andere beeindrucken
**Mondschwächen** Ungelöste Familienproblematiken.
Von der Mutter nicht loskommen. Subtile Herrschsucht

Im Umgang mit Ihren Mitmenschen legen Sie oft eine gewisse Heftigkeit und Unberechenbarkeit an den Tag. Es ist daher für viele nicht leicht, die Motive Ihrer Handlungen nachzuvollziehen. So schwanken manche zwischen Bewunderung und Ablehnung. Man spürt, daß man sich auf große Intensität und Gefühlstiefe einläßt, wenn man eine Beziehung mit Ihnen eingeht. So ist Ihr Lebensstil weniger von äußerlicher Bequemlichkeit geprägt als von Entschlossenheit und Konsequenz.

*Ihre Liebesfähigkeit:* Ihr Seelenleben quillt über an Emotionen. Höchste Ekstase, teuflische Eifersucht, schmachtendes Sehnen, unüberbietbarer Sex, kosmische Vereinigung – es ist nahezu alles dabei. Darüber hinaus reagieren Sie allergisch auf jede Spur von Routine. Ein Leben mit Ihnen bleibt immer aufregend, und zugleich hat man einen Menschen an seiner Seite, der erst in Krisen richtig stark wird. Eines sollten Ihre Weggefährten noch beherzigen: Sie verzeihen alles, aber vergessen nichts. Wer daher grob Absprachen bricht, erhält, was ein Skorpion nur im äußersten Notfall produziert: martialisches Gift.

*Mond-Check*
*Wie weiblich macht mich mein Mond?* Sie besitzen große weibliche Kräfte.
*Wie mütterlich macht mich mein Mond?* Sie sind eine gute Mutter – auch als Mann.
*Wie gefühlvoll macht mich mein Mond?* Extrem gefühlvoll und leidenschaftlich.
*Wie intuitiv macht mich mein Mond?* Sie sind offen für magische Schwingungen und haben manchmal Visionen.

## *Mond im Schützen* – UNABHÄNGIG

**Mondstärken** Optimistisch, motivierend, begeisterungsfähig, vielseitig. Schauspielerische Begabung. Rhythmus- und Musikgefühl. Im Ausland leben können. Schriftstellerische Talente. Sportliche Fähigkeiten und Interessen

**Mondschwächen** Überzogene Führungsansprüche. Blauäugigkeit. Naivität

Aus einer meistens optimistischen und lebensbejahenden Grundstimmung heraus lassen Sie sich leicht begeistern und mitreißen. Sie haben hohe Ansprüche und Ideale an sich selbst, aber auch an diejenigen Menschen, die Sie umgeben. Dabei kann es Ihnen passieren, daß Sie leicht einmal ins Schwärmen kommen, den Kontakt mit der konkreten Wirklichkeit verlieren und in Schwierigkeiten geraten. Ihr grundsätzlicher Optimismus bewahrt Sie aber davor, in Problemen zu versinken. Zwischen Hoffnung und Erfüllung lebend, entwachsen Sie nie ganz dem kindlichen Land Phantasia und suchen in der Welt die Erfüllung Ihrer Träume. Am stärksten werden Sie, wenn es darum geht, andere zu überzeugen und mitzureißen.

*Ihre Liebesfähigkeit:* Zuallererst brauchen Sie einen Partner, der Ihre Unabhängigkeit bewundert und Sie nicht einengt. Zweitens darf Ihr Partner nicht narzißtisch sein, denn Sie sind schonungslos offen; er muß die Wahrheit schon ertragen können. Drittens braucht Ihr Partner geistige Größe (Sie haben Sie schließlich auch), denn für Sie ist Liebe viel mehr als eine Bettgeschichte, nämlich ein Zusammentreffen von Körper, Geist und Seele.

*Mond-Check*

*Wie weiblich macht mich mein Mond?* Auch als Frau stehen Sie leicht Ihren Mann.

*Wie mütterlich macht mich mein Mond?* Sie haben etwas gegen zuviel Mütterlichkeit.

*Wie gefühlvoll macht mich mein Mond?* Sie sind feurig, ekstatisch – aber nicht gerade gefühlvoll.

*Wie intuitiv macht mich mein Mond?* Sie verfügen über eine große Intuition und Seelenstärke.

## *Mond im Steinbock* – SELBSTÄNDIG

**Mondstärken** Klares Gefühlsleben. Selbstbeherrschung und Pflichtbewußtsein. Streben nach Objektivität und Klarheit. Ernsthaftigkeit. Liebe zu Beruf und Karriere. Suche nach sozialer oder politischer Verantwortung

**Mondschwächen** Sich selbst zu negativ sehen. Abhängigkeit von beruflichem Erfolg. Gefühlskontrolle

Der erste Eindruck von Ihnen ist oft der eines kühlen Menschen. Aber unter dem Hauch von Frostigkeit wartet ein warmes, anschmiegsames Geschöpf. Ihre weiche Seele zeigen Sie jedoch nur denjenigen, die Ihren hohen Ansprüchen genügen. Ihr Leben nehmen Sie selbst in die Hand. Sie brauchen einen Beruf und keinen Job und sollten daher eine qualifizierte Ausbildung anstreben. Diese wird sich auszahlen, denn mit dem Mond im Steinbock haben Sie die richtigen Voraussetzungen für Erfolg und Karriere.

*Ihre Liebesfähigkeit:* Die Behauptung, Sie seien abweisend und kalt, stammt garantiert von Personen, die bei Ihnen nicht landen konnten. Sie jedenfalls suchen auch beim Thema Liebe das Besondere, möchten auch hier Gipfel erleben. Aber Sie haben Ihre Gefühle im Griff, stehen über ihnen und mögen es nicht, wenn Menschen sich von den Launen ihrer Gefühle abhängig machen. Große Taten vollbringen Sie selbst, an Ihrem Traumpartner reizt Sie das andere; Sie erwarten Seelentiefe und – ganz im Gegenteil zu sich selbst – ein fast kindliches Gemüt. Auch das Rätselhafte übt einen magnetischen Einfluß auf Sie aus.

*Mond-Check*

*Wie weiblich macht mich mein Mond?* Sie sind sehr weiblich, auch ohne es nach außen hin deutlich zu zeigen.

*Wie mütterlich macht mich mein Mond?* Auch Ihre Mütterlichkeit ist ausgeprägt. Aber Sie wollen ebenso Karriere machen.

*Wie gefühlvoll macht mich mein Mond?* Sie verdrängen unliebsame Gefühle, was diese nur noch stärker macht.

*Wie intuitiv macht mich mein Mond?* Sie haben Zugang zu Wahrträumen.

## *Mond im Wassermann* – FREI

**Mondstärken** Sozial, human, aufgeschlossen. Ungebunden. Veränderungsliebe. Reisefreude. Erfindungsgabe. Intuitionskraft. Vorurteilslosigkeit. Reformwillen
**Mondschwächen** Zwanghaft antiautoritäres Denken und Handeln. Verwirrtheit

Wenn Sie wollen, beherrschen Sie die feinsten gesellschaftlichen Umgangsformen, aber Sie können auch gegen jede Regel verstoßen. Jedenfalls sind Sie stets für eine Überraschung gut und lassen sich nicht in Normen pressen. Sie wollen, ja, müssen anders sein als alle anderen. Eine kreative Tätigkeit entspricht Ihrer Veranlagung. Dagegen werden Sie mit dem Frust, den das Leben bringt, schlecht fertig. Allem Neuen gegenüber zeigen Sie sich enthusiastisch. Aber Ihr Interesse erlischt auch schnell wieder. Sie müssen daher lernen, am Ball zu bleiben.

*Ihre Liebesfähigkeit:* Ihr Liebesleben ist widersprüchlich. Auf der einen Seite spielen Sie mit dem Feuer, haben das Flirten für Ihr Leben gern und sind bereit, sich auch in eine aussichtslose Beziehung einzulassen, wenn diese nur genügend Aufregung verspricht. Auf der anderen Seite können Sie völlig ohne Sexualität auskommen. Das liegt daran, daß Sie mit dem Mond im Wassermann hohe und ausgesprochen idealistische Ansprüche an die Liebe stellen. Tief in Ihrer Seele empfinden Sie sich als Engel und streben nach einer geistigen, beinahe überirdischen Liebe, bei der das Körperliche nur noch eine Nebenrolle spielt.

*Mond-Check*

*Wie weiblich macht mich mein Mond?* Der Wassermannmond hebt Sie beinahe über die Unterscheidung männlich–weiblich: Beide Seiten sind Ihnen sehr vertraut.

*Wie mütterlich macht mich mein Mond?* Sie sind der beste Gefährte und Freund aller Kinder, aber absolut kein Muttertyp.

*Wie gefühlvoll macht mich mein Mond?* Tiefen Gefühlen gegenüber sind Sie mißtrauisch.

*Wie intuitiv macht mich mein Mond?* Sie haben häufig Offenbarungsträume, in denen Sie Hinweise für Ihren Lebensweg erhalten.

***Eine besondere Mondphase beim Mond im Wassermann: Neumond***

*Sie sind in der Neumondphase (zwei Tage vor bis zwei Tage nach Neumond) geboren. Sie sind damit ein besonderer Mensch. Denn in Ihnen ist eine große Sehnsucht nach inniger Nähe zu geliebten Menschen, die Sie in einer erfüllten Partnerschaft zu verwirklichen versuchen.*

*Füllest wieder Busch und Tal*
*Still mit Nebelglanz,*
*Lösest endlich auch einmal*
*Meine Seele ganz.*

Johann Wolfgang von Goethe

## *Mond in den Fischen* – MYSTERIÖS

**Mondstärken** Mediale Fähigkeiten. Heilerische Qualitäten. Kraft durch Glauben. Sensibilität beruflich nutzen können (zum Beispiel als Heilpraktiker). Liebe für andere, Liebe zur Schöpfung. Sich auf instinkthaftes Gespür verlassen können

**Mondschwächen** Wirre Phantasievorstellungen. Unsicherheit. Bindungslosigkeit

Sie sind vielschichtig und widersprüchlich: Sie können in einer Woge des Mitgefühls für die gesamte Schöpfung schwimmen, aber manchmal stehen Sie abgehoben und einsam über dem Rest der Welt. Sie verfügen über feinste Antennen, erahnen sogar die Gedanken anderer, und dann wieder stapfen Sie bereitwillig in jedes nur erdenkliche Fettnäpfchen. Ihre Intuition ist ungeheuer. Manche unter Ihnen ahnen in ihren Träumen zukünftige Ereignisse voraus. Auch als Heiler und Helfer vollbringen Sie beinahe Wunder. Wie mit einem sechsten Sinn behaftet, spüren Sie, was einem anderen fehlt. Sie müssen sich aber auch schützen, denn Sorgen und Probleme springen nur allzuleicht von anderen auf Sie selbst über.

*Ihre Liebesfähigkeit:* Es ist leicht, sich in Sie zu verlieben, denn Sie locken und verführen mit einem sphinxartig-unergründlichen Wesen. Jeder fühlt sich verstanden und erlöst von seiner Einsamkeit. Die Partnerschaft mit Ihnen ist jedoch eine ganz andere Sache. Wer sie eingeht, beherrscht früher oder später die Quadratur des Kreises. Sie sind nicht nur ein schillerndes und anmutiges, sondern auch ein äußerst widersprüchliches Geschöpf. Hält Ihr Partner dies aus, werden Sie ihm aber viel Glück, Freude und Segen bringen.

*Mond-Check*

*Wie weiblich macht mich mein Mond?* Sie sind äußerst weiblich, können diese Seite aber auch vollkommen verstecken und verdrängen.
*Wie mütterlich macht mich mein Mond?* Sie fühlen sich als Mutter der gesamten Schöpfung.
*Wie gefühlvoll macht mich mein Mond?* Sie sind ungeheuer gefühlvoll.
*Wie intuitiv macht mich mein Mond?* Unter allen Mondstellungen sind Sie am intuitivsten.

## *Das Merkurhoroskop –* SCHLAU, KOMMUNIKATIV UND GÖTTLICH BERATEN SEIN

Der römische Gott Merkur entspricht ganz dem Hermes der griechischen Mythologie. Er war ein äußerst schillernder Gott, ausgestattet mit zahlreichen Eigenschaften und Funktionen. Respekt und Bewunderung erwarb er sich durch Klugheit und Raffinesse. So stahl er – gerade erst als Sohn des Jupiter und der Nymphe Maia geboren – dem Gott Apoll eine Rinderherde. Von diesem zur Rede gestellt, spielte er auf einem mit Fell und Saiten versehenen Schildkrötenpanzer derart gekonnt auf, daß Apolls Zorn verflog und er ihm die Rinder im Tausch gegen das Musikinstrument überließ. »Ganz nebenbei« hatte Merkur auf diese Weise die Lyra »erfunden«, jenes zauberhafte Instrument, mit dem später Orpheus Menschen wie Götter verzauberte.

Gott Merkur war also klug und listig – und genau diese Fähigkeit verleiht er auch uns Menschen. Er macht beredt, erfinderisch und verhilft einem auch mal zu einer guten Ausrede. Seiner listigen Eigenschaften wegen wurde er zum Gott der Kaufleute, Diebe und Bänkelsänger. Seine Fröhlichkeit machte ihn zum Schutzpatron all derjenigen, die auf heiteren Wegen wandeln. Und sein Diebstahl der Kühe ließ ihn selbstredend zum Gedeihen der Viehherden beitragen. Infolge seiner Lust am Reden und seines Talents, sich allemal in ein günstiges Licht zu setzen, wurde er der göttliche Freund all derer, die viel sprechen, schreiben und auf der Bühne stehen: Dichter, Sänger, Schauspieler, Politiker, Talkmaster, Ansager, Komiker, Artisten oder Musiker. Wie wir denken, reden, kommunizieren, uns darstellen und uns verkaufen, das alles verrät die Position Merkurs in unserem Horoskop. Er verkörpert unsere unbeschwerte Seite und den leichtesten Weg, den man gehen kann.

Aber Merkur hat noch mehr auf Lager: Bei den Griechen galt er als Diener Jupiters und als Götterbote, der zwischen dem Olymp, dem Wohnort der Unsterblichen, und den Menschen drunten auf der Erde vermittelte. Und er begleitete auch die Seelen der Verstorbenen in die Unterwelt. Er besaß geflügelte Sandalen und einen geflügelten Hut, damit er rasch hin und her eilen konnte. Ein weiteres Attribut war sein Heroldsstab, der Kerykeion, ein Zauberstab.

Hermes überbrachte also den Willen seines Vaters Zeus. So führte er zum Beispiel in dessen Auftrag Hera, Athene und Aphrodite zum Idagebirge, wo Paris den goldenen Apfel der – seiner Wahl nach – schönsten der Frauen überreichen sollte. Seine Entscheidung für Aphrodite, die ihm dafür Helena versprochen hatte, löste später bekanntlich den Trojanischen Krieg aus.
Tatsächlich fungiert Merkur auch in der Astrologie als eine Art »Empfangs- und Sendestation«. Wo er sich in unserem Horoskop befindet, sind uns die Götter besonders nah und übermitteln uns ihre Botschaften und Nachrichten. Umgekehrt können wir dort die Götter am ehesten erreichen.
Merkur ist der sonnennächste Planet. Er zieht seine Kreise um unser Zentralgestirn so eng, daß er sich nie mehr als ein Zeichen von der Sonne entfernen kann. Das führt auch dazu, daß Merkur in vielen Horoskopen die gleiche Tierkreiszeichenposition einnimmt wie die Sonne.

## DIE ERMITTLUNG DES MERKURZEICHENS

Suchen Sie in der folgenden Merkurtabelle Ihren Geburtstag, und entnehmen Sie Ihre Merkurposition, die Sie auf den entsprechenden Text im anschließenden Kapitel über Ihr Merkurzeichen verweist. (Siehe auch die Vorbemerkung am Beginn von Teil II dieses Buches.)

### Die Merkurtabelle

**1920*** 20.1.–26.1. Steinbock, 27.1.–13.2. Wassermann, 14.2.–20.2. Fische, **1921** 20.1.–4.2. Wassermann, 5.2.–20.2. Fische, **1922** 20.1.–1.2. Wassermann, 2.2.–9.2. Fische, 10.2.–20.2. Wassermann, **1923** 20.1.–6.2. Wassermann, 7.2.–13.2. Steinbock, 14.2.–20.2. Wassermann, **1924** 20.1.–13.2. Steinbock, 14.2.–20.2. Wassermann, **1925** 20.1.–6.2. Steinbock, 7.2.–20.2. Wassermann, **1926** 20.1.–30.1. Steinbock, 31.1.–17.2. Wassermann, 18.2.–20.2. Fische, **1927** 20.1.–23.1. Steinbock,

* Siehe auch die Anmerkung zur Mondtabelle.

24.1.–9.2. Wassermann, 10.2.–20.2. Fische, **1928** 20.1.–2.2. Wassermann, 3.2.–20.2. Fische, **1929** Wassermann, **1930** 20.1.–23.1. Wassermann, 24.1.–14.2. Steinbock, 15.2.–20.2. Wassermann, **1931** 20.1.–10.2. Steinbock, 11.2.–20.2. Wassermann, **1932** 20.1.–4.2. Steinbock, 5.2.–20.2. Wassermann, **1933** 20.1.–27.1. Steinbock, 28.1.–13.2. Wassermann, 14.2.–20.2. Fische, **1934** 20.1.–5.2. Wassermann, 6.2.–20.2. Fische, **1935** 20.1.–1.2. Wassermann, 2.2.–15.2. Fische, 16.2.–20.2. Wassermann, **1936** Wassermann, **1937** 20.1.–13.2. Steinbock, 14.2.–20.2. Wassermann, **1938** 20.1.–7.2. Steinbock, 8.2.–20.2. Wassermann, **1939** 20.1.–1.2. Steinbock, 2.2.–18.2. Wassermann, 19.2.–20.2. Fische, **1940** 20.1.–24.1. Steinbock, 25.1.–10.2. Wassermann, 11.2.–20.2. Fische, **1941** 20.1.–2.2. Wassermann, 3.2.–20.2. Fische, **1942** Wassermann, **1943** 20.1.–27.1. Wassermann, 28.1.–15.2. Steinbock, 16.2.–20.2. Wassermann, **1944** 20.1.–12.2. Steinbock, 13.2.–20.2. Wassermann, **1945** 20.1.–4.2. Steinbock, 5.2.–20.2. Wassermann, **1946** 20.1.–28.1. Steinbock, 29.1.–15.2. Wassermann, 16.2.–20.2. Fische, **1947** 20.1.–21.1. Steinbock, 22.1.–7.2. Wassermann, 8.2.–20.2. Fische, **1948** 20.1.–1.2. Wassermann, 2.2.–20.2. Fische, **1949** Wassermann, **1950** 20.1.–14.2. Steinbock, 15.2.–20.2. Wassermann, **1951** 20.1.–9.2. Steinbock, 10.2.–20.2. Wassermann, **1952** 20.1.–2.2. Steinbock, 3.2.–20.2. Wassermann, **1953** 20.1.–25.1. Steinbock, 26.1.–11.2. Wassermann, 12.2.–20.2. Fische, **1954** 20.1.–4.2. Wassermann, 5.2.–20.2. Fische, **1955** Wassermann, **1956** Wassermann, **1957** 20.1.–11.2. Steinbock, 12.2.–20.2. Wassermann, **1958** 20.1.–5.2. Steinbock, 6.2.–20.2. Wassermann, **1959** 20.1.–30.1. Steinbock, 31.1.–16.2. Wassermann, 17.2.–20.2. Fische, **1960** 20.1.–22.1. Steinbock, 23.1.–8.2. Wassermann, 9.2.–20.2. Fische, **1961** 20.1.–1.2. Wassermann, 2.2.–20.2. Fische, **1962** Wassermann, **1963** 20.1. Wassermann, 21.1.–14.2. Steinbock, 15.2.–20.2. Wassermann, **1964** 20.1.–10.2. Steinbock, 11.2.–20.2. Wassermann, **1965** 20.1.–2.2. Steinbock, 3.2.–20.2. Wassermann, **1966** 20.1.–26.1. Steinbock, 27.1.–12.2. Wassermann, 13.2.–20.2. Fische, **1967** 20.1.–5.2. Wassermann, 6.2.–20.2. Fische, **1968** 20.1.–31.1. Wassermann, 1.2.–11.2. Fische, 12.2.–20.2. Wassermann, **1969** Wassermann, **1970** 20.1.–12.2. Steinbock, 13.2.–20.2. Wassermann, **1971** 20.1.–7.2. Steinbock, 8.2.–20.2. Wassermann, **1972** 20.1.–31.1. Steinbock, 1.2.–17.2. Wassermann, 18.2.–20.2. Fische, **1973** 20.1.–23.1. Steinbock, 24.1.–9.2. Wassermann, 10.2.–20.2. Fische, **1974** 20.1.–2.2. Wassermann, 3.2.–20.2. Fische, **1975** Wassermann, **1976** 20.1.–25.1. Wassermann, 26.1.–15.2. Steinbock, 16.2.–20.2. Wassermann, **1977** 20.1.–10.2. Steinbock, 11.2.–20.2. Wassermann, **1978** 20.1.–4.2. Steinbock, 5.2.–20.2. Wassermann, **1979** 20.1.–27.1. Steinbock, 28.1.–14.2. Wassermann, 15.2.–20.2. Fische, **1980** 20.1. Steinbock, 21.1.–6.2. Wassermann, 7.2.–20.2. Fische, **1981** 20.1.–31.1. Wassermann, 1.2.–16.2. Fische, 17.2.–20.2. Wassermann, **1982** Wassermann, **1983** 20.1.–13.2. Steinbock, 14.2.–20.2. Wassermann, **1984** 20.1.–8.2. Steinbock, 9.2.–20.2. Wassermann, **1985** 20.1.–31.1. Steinbock, 1.2.–18.2. Wassermann, 19.2.–20.2. Fische, **1986** 20.1.–24.1. Steinbock, 25.1.–10.2. Wassermann, 11.2.–20.2. Fische, **1987** 20.1.–3.2. Wassermann, 4.2.–20.2. Fische, **1988** Wassermann, **1989** 20.1.–29.1. Wassermann, 30.1.–14.2. Steinbock, 15.2.–20.2. Wassermann, **1990** 20.1.–11.2. Steinbock, 12.2.–20.2. Wassermann, **1991** 20.1.–5.2. Steinbock, 6.2.–20.2. Wassermann, **1992** 20.1.–28.1. Steinbock, 29.1.–15.2. Wassermann, 16.2.–20.2. Fische, **1993** 20.1. Steinbock, 21.1.–6.2. Wassermann, 7.2.–20.2. Fische, **1994** 20.1.–1.2. Wassermann, 2.2.–20.2. Fische, **1995** Wassermann, **1996** 20.1.–14.2. Steinbock, 15.2.–20.2. Wassermann, **1997** 20.1.–8.2. Steinbock, 9.2.–20.2. Wassermann, **1998** 20.1.–1.2. Steinbock, 2.2.–19.2. Wassermann, 20.2. Fische, **1999** 20.1.–25.1. Steinbock, 26.1.–11.2. Wassermann, 12.2.–20.2. Fische, **2000** 20.1.–4.2. Wassermann, 5.2.–20.2. Fische, **2001** 20.1.–31.1. Wassermann, 1.2.–6.2. Fische, 7.2.–20.2. Wassermann, **2002** 20.1.–3.2. Wassermann, 4.2.–13.2. Steinbock, 14.2.–20.2. Wassermann, **2003** 20.1.–12.2. Steinbock, 13.2.–20.2. Wassermann

## *Merkur im Steinbock* – OBJEKTIVES DENKEN

**Merkurstärken** Gründliches, sachliches, konzentriertes, erfahrungsorientiertes Denken
**Merkurschwächen** Starrsinn

Ihr Denken ist sachlich, genau und praktisch. Sie beziehen sich in Ihren Überlegungen auf eigene Erfahrungen, sind aber auch offen für Erfahrungen zuverlässiger Herkunft. Das verleiht Ihnen Sicherheit und Glaubwürdigkeit. Obendrein führt Merkur im Steinbock zu einem grundsätzlichen Mißtrauen. Sie neigen dazu, sich – vielleicht, ohne es selbst zu bemerken – als »letzte Instanz«, als entscheidendes Prüfungsorgan zu verstehen. Gleich einer Art TÜV suchen Sie nach Fehlern und Mißständen, und wenn welche existieren, dann werden sie von Ihnen auch entdeckt. Neuem gegenüber sind Sie besonders skeptisch. Bei Inspektionen, Korrekturen, wissenschaftlichen Arbeiten und überall sonst, wo es gilt, Fehler zu vermeiden, sind Sie unübertrefflich. Sie verleihen Ideen den tragfähigen Grund, und Sie sind die beste Garantie, daß Pläne und Vorhaben zu Ende geführt werden. Aber Ihr Merkur im Steinbock hat auch seine Schattenseiten. Manchmal nehmen Sie durch Ihre kritische Art anderen die Lust. Sie können eine Aura des Mißtrauens und Pessimismus verbreiten. Im zwischenmenschlichen Bereich wirken Sie unterkühlt und abweisend. Sie müssen achtgeben, das Kind nicht mit dem Bad auszuschütten. Fragen Sie sich selbst, wie konstruktiv Ihre Einwände sind. Halten Sie sich zurück, wenn es um die Entwicklung neuer Ideen geht. Beobachten Sie zuerst, bevor Sie sich einschalten. Es wäre traurig, wenn Sie Ihre große Merkurbegabung durch Kleinlichkeit und Unüberlegtheit zunichte machten.

*Merkur-Check*

*Wie leicht fällt es mir, Kontakt zu schließen?* Es fällt mir schwer, auf andere zuzugehen. Nur im sachlichen Austausch bin ich sicher.
*Was bringt mich »den Göttern« näher?* Erfolgreich mit meiner Arbeit vorankommen, meine Annahmen bestätigt finden, Anerkennung erlangen.

## *Merkur im Wassermann* – ORIGINELLES DENKEN

**Merkurstärken** Außergewöhnliche Denkbegabung, Einfallsreichtum, Erfindergeist
**Merkurschwächen** Unkonzentriert und unsachlich sein

Merkur im Wassermann befähigt Sie zu abstraktem, originellem Denken. Ihr wacher, lebhafter Verstand und Ihr vorurteilsfreies Denken lassen Sie schnell und logisch handeln. Sie können Zusammenhänge rasch erfassen und neue Beziehungen herstellen. Dabei halten Sie sich nicht nur an vorgegebene Muster. Vielmehr versuchen Sie, auf ungewöhnlichen Wegen zu neuen, innovativen Lösungen zu kommen. Zuweilen geraten Sie in einen Konflikt zwischen Logik und einer (zunächst völlig unsinnigen) Idee. Sie brauchen dann Zeit, bis Sie beides unter einen Hut bekommen. Ihr »Gehirn« ist wie geschaffen für Geniestreiche, Erfindungen und Erneuerungen. Immer dann, wenn es nach altem Muster nicht weitergeht, sind Sie und Ihr Merkur im Wassermann gefragt.
Schwierigkeiten haben Sie mit Menschen, die sich auf eingefahrene Routinen berufen. Jemand, der als »Argument« einwirft: »Das haben wir schon immer so gemacht!«, bringt Sie zur Weißglut. Auch wenn sich bei anderen Ratio und Gefühl miteinander vermengen, regt sich Ihr Protest. Aber genau diese Art zu denken und zu argumentieren müssen Sie mit Wohlwollen akzeptieren, wenn Sie nicht einseitig werden wollen. Denn die Gefahr besteht, mit Ihrer abstrakten Art unpersönlich zu werden und am Ende den Kontakt zu anderen Menschen zu verlieren. Dabei sind Sie im Grunde ein überaus sozialer Mensch. Sie lieben es, Gespräche über Gott und die Welt zu führen. Kommen Sie in Stimmung, entpuppen Sie sich gar als »Entertainer« ... Aber, wie gesagt, Sie müssen am »Puls« der Menschen bleiben, ihre Gefühle und Erfahrungen achten.

*Merkur-Check*

*Wie leicht fällt es mir, Kontakt zu schließen?* Ich kann gut mit anderen Menschen umgehen.
*Was bringt mich »den Göttern« näher?* Innovative Ideen verfolgen, ungewöhnliche Methoden anwenden, frei und unkonventionell denken.

## *Merkur in den Fischen* – INSTINKTIVES DENKEN

**Merkurstärken** Tiefgründiges, emotional-instinktives Denken
**Merkurschwächen** Unkonzentriert, unsachlich, subjektiv, launisch sein

Ihre Gefühle mischen sich in Ihr Denken ein und färben es subjektiv. Sie denken »mit dem Bauch«. Zu welchen Schlüssen Sie kommen oder welche Ideen Sie haben, hängt stark von Ihrer »Tagesform« ab. Auf der anderen Seite erreicht Ihr Denken, indem es Emotionen mit einbezieht, große Tiefe. Mit Merkur in den Fischen besitzen Sie eine Art Instinkt, ein Wissen, das weit über normales Erfassen und Verarbeiten von Eindrücken hinausreicht: Ahnungen und Erinnerungen aus Ihrem Unterbewußtsein, manchmal auch wie aus einer anderen Welt oder gar aus einem früheren Leben. Ihr Problem ist dann, nicht zu wissen, was Sie glauben sollen. Da ist einerseits die reale Welt, die sich auf Logik oder gemachte Erfahrungen beruft, und daneben haben Sie Ihre anderen Quellen. Wichtig ist, daß Sie beides als gültig annehmen. Sie sind ein Grenzgänger, ein Mensch mit der Gabe zu tieferen Erfahrungen, als es anderen beschieden ist. Aber allein darauf läßt sich auch kein Leben gründen ...
Auf andere zuzugehen macht Ihnen Probleme. Sie glauben, jeder sei ebenso empfindsam wie Sie und wolle nicht »gestört« werden. Das ist natürlich ein Irrtum. Andere warten vielleicht gerade darauf, angesprochen und unterhalten zu werden. Sie sollten sich immer wieder dazu ermutigen, etwas selbstbewußter und selbstsicherer zu werden.

*Merkur-Check*
*Wie leicht fällt es mir, Kontakt zu schließen?* Ich bin scheu und getraue mich nicht, auf andere zuzugehen.
*Was bringt mich »den Göttern« näher?* Eins sein mit meinen Gefühlen und der Welt, die mich umgibt.

# *Das Venushoroskop –*
# IHRE LIEBESFÄHIGKEIT

*Venuszeichen*

Kurz nach Sonnenuntergang – der Westen badet sich noch in goldenem Rot, im Osten kündet ein stahlblauer Himmel die heraufziehende Nacht an – kann man sie sehen, die Venus. Sie ist so hell, daß man sie manchmal mit den Lichtern eines Flugzeugs verwechselt. Und in Gegenden, die nicht künstlich erleuchtet sind, überkommt den Betrachter bei ihrem Anblick fast das Gefühl einer außerirdischen Begegnung. Der Tag geht zur Ruhe, Venus läutet den Feierabend ein, jene Zeit, die weder der Arbeit noch dem Schlaf gehört, vielmehr der Muße – und der Liebe.

Aber Venus verzaubert nicht nur den Abend, sondern auch den Morgen. Denn die Hälfte des Jahres läuft sie, wie wir es von der Erde aus sehen, der Sonne nach, sie steht dann als Venus des Abends nach Sonnenuntergang noch einige Zeit am Abendhimmel. Die andere Hälfte jedoch läuft sie der Sonne voraus und steigt als Venus des Morgens vor der Sonne über den östlichen Horizont als strahlende Botin des neuen Tages.

Venus oder die griechische Entsprechung Aphrodite trug den Namen »Schaumgeborene«: Dem Mythos nach hat Kronos (Saturnus), der Vater des Zeus, das Zeugungsglied seines Vaters Uranos ins Meer geworfen. Aus dem Schaum, der sich dabei bildete, ist die Göttin der Schönheit entstanden (griechisch *aphrós* = »Schaum«).

Sie galt als die fruchtbare Göttin des blühenden Frühlings und der überströmenden Frühlingslust. Sie war die Beschützerin der Gärten, Blumen und Lusthaine. Ihre Lieblingsgewächse waren Myrten, Rosen und Lilien, ihre Frucht der Apfel, ihre bevorzugten Tiere waren Widder, Böcke, Hasen, Tauben und die bunten Schmetterlinge. Vor allem aber war Venus/Aphrodite eine Frau, deren unvergleichliche Schönheit die Männer betörte. Man fand schier kein Ende, all ihre Reize aufzuzählen: göttlicher Wuchs, strahlende Augen, verlockender Blick, rosenknospiger Mund, zierliche Ohren, reizender Busen und, und, und ...

Im Vergleich dazu sah ihr häßlicher, hinkender Ehemann Hephaistos, der Gott des Erdfeuers und Schutzgott der Schmiedekunst, ziemlich alt aus, wie man heute sagen würde. Sie nutzte denn auch jede Gelegenheit zu einem Seitensprung. Der bekannteste (und folgenreichste) war wohl jener mit Mars, dem Amor, der spitzbübische Junge mit den heimtückischen Liebespfeilen, sein Leben verdankte.

Die schöne Venus bekam ein würdiges Denkmal am Himmel; der hellste Stern wurde nach ihr benannt. Je nach Position kündet er als Abendstern den Feierabend, vor Sonnenaufgang die nahende Morgenröte an.

»Venus« ist in der Symbolsprache ein anderes Wort für »Liebe, Lust, Zärtlichkeit, Leidenschaft, Zweisamkeit, Anziehung, Nähe, Knistern, Flirten, Sehnsucht, Verschmelzung, Sinnlichkeit« und dergleichen mehr. Aber jede Venusposition in den Tierkreiszeichen gibt all diesen Facetten der Liebe eine andere Färbung, ein bestimmtes Gewicht, einen individuellen Glanz. Da müssen Sie Ihre persönliche Venus einfach näher kennenlernen!

## DIE ERMITTLUNG DES VENUSZEICHENS

In der Venustabelle finden Sie ganz einfach Ihre Venusposition, indem Sie Ihren Geburtstag suchen. Dahinter ist das Tierkreiszeichen vermerkt, in dem Ihre Venus steht. Dann brauchen Sie nur noch den entsprechenden Abschnitt im anschließenden Text nachzulesen. (Siehe auch die Vorbemerkung am Beginn von Teil II dieses Buches.)

### Die Venustabelle

**1920*** 20.1.–28.1. Schütze, 29.1.–20.2. Steinbock, **1921** 20.1.– 2.2. Fische, 3.2.–20.2. Widder, **1922** 20.1.–24.1. Steinbock, 25.1.– 16.2. Wassermann, 17.2.–20.2. Fische, **1923** 20.1.–5.2. Schütze, 6.2.–20.2. Steinbock, **1924** 20.1.–12.2. Fische, 13.2.–20.2. Widder, **1925** 20.1.–7.2. Steinbock, 8.2.–20.2. Wassermann, **1926** Wassermann, **1927** 20.1.–1.2. Wassermann, 2.2.–20.2. Fische, **1928** 20.1.–28.1. Schütze, 29.1.–20.2. Steinbock, **1929** 20.1.–2.2. Fische, 3.2.–20.2. Widder, **1930** 20.1.–23.1. Steinbock, 24.1.–16.2. Wassermann, 17.2.–20.2. Fische, **1931** 20.1.–5.2. Schütze, 6.2.–20.2. Steinbock, **1932** 20.1.–12.2. Fische, 13.2.–20.2. Widder, **1933** 20.1.–6.2. Steinbock, 7.2.–20.2. Wassermann, **1934** Wassermann, **1935** 20.1.–1.2. Wassermann, 2.2.–20.2. Fische, **1936** 20.1.–28.1. Schütze, 29.1.– 20.2. Steinbock, **1937** 20.1.–2.2. Fische, 3.2.–20.2. Widder, **1938** 20.1.–23.1. Steinbock, 24.1.–15.2. Wassermann, 16.2.–20.2. Fische, **1939** 20.1.–6.2. Schütze, 7.2.–20.2. Steinbock, **1940** 20.1.–11.2. Fische, 12.2.–20.2. Widder, **1941** 20.1.–6.2. Steinbock, 7.2.–20.2. Wassermann, **1942** Wassermann, **1943** 20.1.–31.1. Wassermann, 1.2.– 20.2. Fische, **1944** 20.1.–27.1. Schütze, 28.1.–20.2. Steinbock, **1945** 20.1.–1.2. Fische, 2.2.–20.2. Widder, **1946** 20.1.–22.1. Steinbock, 23.1.–15.2. Wassermann, 16.2.–20.2. Fische, **1947** 20.1.–5.2. Schütze, 6.2.–20.2. Steinbock, **1948** 20.1.–11.2. Fische, 12.2.–20.2. Widder, **1949** 20.1.–5.2. Steinbock, 6.2.–20.2. Wassermann, **1950** Wassermann, **1951** 20.1.–31.1. Wassermann, 1.2.–20.2. Fische, **1952** 20.1.–27.1. Fische, 28.1.–20.2. Steinbock, **1953** 20.1.–1.2. Fische, 2.2.–20.2. Widder, **1954** 20.1.–21.1. Steinbock, 22.1.–14.2. Wassermann, 15.2.–20.2. Fische, **1955** 20.1.–5.2. Schütze, 6.2.–20.2. Steinbock, **1956** 20.1.–10.2. Fi-

* Siehe auch die Anmerkung zur Mondtabelle.

sche, 11.2.–20.2. Widder, **1957** 20.1.–5.2. Steinbock, 6.2.–20.2. Wassermann, **1958** Wassermann, **1959** 20.1.–30.1. Wassermann, 31.1.–20.2. Fische, **1960** 20.1.–26.1. Schütze, 27.1.–20.2. Steinbock, **1961** 20.1.–1.2. Fische, 2.2.–20.2. Widder, **1962** 20.1.–21.1. Steinbock, 22.1.–14.2. Wassermann, 15.2.–20.2. Fische, **1963** 20.1.–5.2. Schütze, 6.2.–20.2. Steinbock, **1964** 20.1.–10.2. Fische, 11.2.–20.2. Widder, **1965** 20.1.–4.2. Steinbock, 5.2.–20.2. Wassermann, **1966** 20.1.–6.2. Wassermann, 7.2.–20.2. Steinbock, **1967** 20.1.–30.1. Wassermann, 31.1.–20.2. Fische, **1968** 20.1.–26.1. Schütze, 27.1.–19.2. Steinbock, 20.2. Wassermann, **1969** 20.1.–1.2. Fische, 2.2.–20.2. Widder, **1970** 20.1. Steinbock, 21.1.–13.2. Wassermann, 14.2.–20.2. Fische, **1971** 20.1.–5.2. Schütze, 6.2.–20.2. Steinbock, **1972** 20.1.–9.2. Fische, 10.2.–20.2. Widder, **1973** 20.1.–4.2. Steinbock, 5.2.–20.2. Wassermann, **1974** 20.1.–29.1. Wassermann, 30.1.–20.2. Steinbock, **1975** 20.1.–29.1. Wassermann, 30.1.–20.2. Fische, **1976** 20.1.–25.1. Schütze, 26.1.–19.2. Steinbock, 20.2. Wassermann, **1977** 20.1.–1.2. Fische, 2.2.–20.2. Widder, **1978** 20.1. Steinbock, 21.1.–13.2. Wassermann, 14.2.–20.2. Fische, **1979** 20.1.–4.2. Schütze, 5.2.–20.2. Steinbock, **1980** 20.1.–9.2. Fische, 10.2.–20.2. Widder, **1981** 20.1.–3.2. Steinbock, 4.2.–20.2. Wassermann, **1982** 20.1.–23.1. Wassermann, 24.1.–20.2. Steinbock, **1983** 20.1.–29.1. Wassermann, 30.1.–20.2. Fische, **1984** 20.1.–25.1. Schütze, 26.1.–18.2. Steinbock, 19.2.–20.2. Wassermann, **1985** 20.1.–1.2. Fische, 2.2.–20.2. Widder, **1986** 20.1.–12.2. Wassermann, 13.2.–20.2. Fische, **1987** 20.1.–5.2. Schütze, 6.2.–20.2. Steinbock, **1988** 20.1.–9.2. Fische, 10.2.–20.2. Widder, **1989** 20.1.–3.2. Steinbock, 4.2.–20.2. Wassermann, **1990** Steinbock, **1991** 20.1.–28.1. Wassermann, 29.1.–20.2. Fische, **1992** 20.1.–24.1. Schütze, 25.1.–18.2. Steinbock, 19.2.–20.2. Wassermann, **1993** 20.1.–2.2. Fische, 3.2.–20.2. Widder, **1994** 20.1.–12.2. Wassermann, 13.2.–20.2. Fische, **1995** 20.1.–4.2. Schütze, 5.2.–20.2. Steinbock, **1996** 20.1.–8.2. Fische, 9.2.–20.2. Widder, **1997** 20.1.–2.2. Steinbock, 3.2.–20.2. Wassermann, **1998** Steinbock, **1999** 20.1.–28.1. Wassermann, 29.1.–20.2. Fische, **2000** 20.1.–24.1. Schütze, 25.1.–17.2. Steinbock, 18.2.–20.2. Wassermann, **2001** 20.1.–2.2. Fische, 3.2.–20.2. Widder, **2002** 20.1.–11.2. Wassermann, 12.2.–20.2. Fische, **2003** 20.1.–4.2. Schütze, 5.2.–20.2. Steinbock

## *Venus im Widder* – STÜRMISCHE LIEBE

**Venusstärken** Spontan, direkt, feurig
**Venusschwächen** Egoistisch, überfordernd

Feinfühligkeit ist nicht Ihre Stärke. Zu Ihrer Entschuldigung läßt sich sagen, daß Sie es ja gar nicht so meinen, wenn Sie beispielsweise die roten Punkte auf seiner neuen Krawatte bzw. ihre rotgesprenkelte Bluse an Ketchup erinnert (und Sie das natürlich auch noch laut sagen müssen). Aber was soll's! Sie haben nichts gegen einen klärenden Krach. Hinterher ist die Luft einfach besser. Und was zu Bruch geht, war sowieso nur eine Scheinidylle. Gut, Sie tragen die Schuld, waren unsensibel, taktlos, verletzend ..., aber sind Sie nicht einfach auch offen und ehrlich?
An Ihren eigenen Gefühlen und Stimmungen zweifeln Sie nie. Auch wenn man Ihnen mit Engelszungen nahezubringen versucht, daß Ihre Eifersucht unbegründet, diese Liebe illusorisch oder Ihre Sorgen reine Hirngespinste sind, es wird nichts fruchten! Und plötzlich – kein Mensch weiß, weshalb – hat sich Ihre Weltuntergangsstimmung in Luft aufgelöst. Weg!
Das alles klingt nach einem einfachen, kindlichen Gefühlsleben. Mag sein. Aber dafür bleiben Sie jung, erfrischend, charmant und immer für eine Überraschung gut. Ein probates Gegengift gegen Langeweile also. Und Sie sind nicht nachtragend. Sie kommen leicht in Fahrt, spucken schon mal Feuer und Gift, aber die Versöhnung ist auch nicht weit – und besonders süß.

*Venus-Check*
*Kann meine Venus gut allein sein?* Eher nicht, aber sie schafft es.
*Sucht meine Venus Sicherheit?* Nicht so sehr, eher Lust, Unterhaltung und Vergnügen.
*Besteht meine Venus auf Treue?* Nicht ausgesprochen.
*Ist meine Venus eifersüchtig?* Ja, sogar extrem. Sie kann Konkurrenten nicht ausstehen.
*Findet meine Venus leicht Partner?* Jederzeit, Sie brauchen nur loszuziehen.

## *Venus im Schützen* – FLAMMENDE LIEBE

**Venusstärken** Unabhängig, feurig, wahrhaftig
**Venusschwächen** treulos

Das astrologische Zeichen Schütze repräsentiert keine ruhmreichen Krieger, auch keine kosmischen Sportsmänner oder -frauen, sondern Fabelwesen mit Pferdeleib und menschlichem Oberkörper. Im griechischen Mythos trugen sie den Namen »Zentauren«. Mensch und Tier in dieser Kombination sind natürlich Metaphern für (menschlichen) Geist, Verstand, Einsicht und Weisheit einerseits und (tierische) Lust, Sex, Gier und Triebhaftigkeit andererseits.
Genau zwischen diesen beiden Polen spielt sich Ihr Liebesleben ab: »Die Schöne und das Biest ...« Erkennen Sie sich darin wieder? Sie sind die/der schöne, sanfte Geliebte, die/der ein fremdes Wesen nach Hause schleppt, es pflegt und zähmt und wärmt und ihm die Wunden leckt ... Und das Spiel funktioniert genausogut auch andersherum: Dann sind Sie das wilde Tier, die pure Gier, und Ihr Partner »ist im Kopf«, vielleicht ein bißchen weise, in jedem Fall aber meilenweit entfernt von seiner eigenen Lust – die Sie ihm jedoch wieder schenken wollen. Werden beide Seiten wie Himmel und Hölle unversöhnt auf ewig miteinander ringen? Wer weiß! Sicher ist, daß Venus-im-Schütze-Menschen oft solo leben, sehr selbstbewußt sind und von lustvollsten Erfahrungen mit den unterschiedlichsten Partnern erzählen können. Beweist das nicht, daß das Spiel zwischen Himmel und Hölle viel spannender sein kann als der brave Mittelweg ...?

*Venus-Check*

*Kann meine Venus gut allein sein?* Kein Problem; sie findet immer Begleitung.
*Sucht meine Venus Sicherheit?* Keinesfalls, sondern Abenteuer.
*Besteht meine Venus auf Treue?* Nein, aber unbedingt auf Fairneß.
*Ist meine Venus eifersüchtig?* Da muß man durch.
*Findet meine Venus leicht Partner?* Ja, und zwar rund um den Globus.

## *Venus im Steinbock* – BEHERRSCHTE LIEBE

**Venusstärken** Entwicklungsfähig, tief, erdig
**Venusschwächen** Gefühlskalt

Partner, die beim Liebesakt wie Hirsche röhren, ohne ihren Geliebten nicht einschlafen können und nur aus Angst vor dem Alleinsein in einer Beziehung bleiben – dies alles ist nicht Ihr Bier! Sie nehmen die Liebe selbst in die Hand, Sie bestimmen, wie es läuft, und haben Ihre Gefühle im Griff. Sie können auch allein – wissen aber sehr wohl, wie man sich eine(n) Liebhaber(in) besorgt.
Richtig, das klingt nicht gerade romantisch und läßt bei anderen schnell den roten Knopf suchen, der den Fluchtmotor anwirft. Aber was soll's, so sind Sie halt! Es macht überhaupt keinen Sinn, sich hinter einem charmanten, zuvorkommenden Outfit zu verstecken. Früher oder später setzen Sie Ihrem Lover doch den Zeigefinger auf die Brust und sagen: »Zur Sache, Schätzchen!«
Ein bißchen cool sind Sie auch. Steinbock ist ein Winterzeichen. Ihrer Venus wird es dort schnell kalt, was bei ihr zu der folgenschweren Entscheidung führt, sich ganz warm anzuziehen ... Damit kommt man aber schwer an Sie heran. Das müssen Sie verstehen! Irgendwann in Ihrem Leben war es eiskalt. Vielleicht wurde Ihre Liebe sogar schon als Kind mißbraucht. Sich zu schützen war lebenswichtig ...! Aber nichts bleibt immer so, wie es ist. Selbst nach dem kältesten Winter folgt der Frühling.

*Venus-Check*

*Kann meine Venus gut allein sein?* Ja, das ist sogar eine Stärke von ihr.
*Sucht meine Venus Sicherheit?* Nein, sie ist selber sicher.
*Besteht meine Venus auf Treue?* Ja, und zwar absolut. Untreue löst den Rachereflex aus.
*Ist meine Venus eifersüchtig?* Nein, nicht besonders.
*Findet meine Venus leicht Partner?* Nein, weil sie sehr anspruchsvoll ist.

*Venus ist ein anderes Wort für Liebe, Lust, Sex und Zärtlichkeit*

## *Venus im Wassermann* – UTOPISCHE LIEBE

**Venusstärken** Frei, originell, fair
**Venusschwächen** Unpersönlich

Sie sind wie jener Vogel, der freiwillig im Käfig bleibt und wunderhübsch zwitschert, solange die Tür sperrangelweit offensteht. Macht es »Schnapp!«, die Tür ist zu, beginnt der Vogel zu kreischen und tobt wie ein Wahnsinniger. Nichts zu machen! Ihre Liebe ist klaustrophobisch. Manchmal flippen Sie schon aus, wenn jemand die Fenster schließt oder beim Schlafen den Arm um Sie legt.

Das hat überhaupt nichts mit mangelnder Liebe zu tun! Das sei hier gleich einmal grundsätzlich festgestellt: Ihre Liebesfähigkeit ist über jeden Zweifel erhaben. Aber Sie brauchen Luft, Ihren Spielraum, Ihre Freiheit. Man könnte meinen, Sie entstammten einem Planeten, auf dem man körperlose Liebe macht. Jedenfalls erstreben Sie eine Partnerschaft, die leicht und frei von bauchlastigen Emotionen ist. Eifersucht, Besitzanspruch, Zweisamkeit – derartige Worte mit den entsprechenden Ritualen entstammen Ihrer Meinung nach dem Kleinhirn und waren allenfalls in der Dinosaurierzeit überlebenswichtig.

In Wirklichkeit klaffen Theorie und Praxis dann doch auseinander. Mit anderen Worten: Sie sind eben auch eifersüchtig. Das ist aber kein Problem; Sie dürfen ruhig widersprüchlich sein, daran wachsen Sie. Was Sie nicht machen sollten, ist, Ihre Eifersucht zu verdrängen, weil Sie sich sagen, daß nicht ist, was nicht sein darf. So etwas macht krank!

*Venus-Check*

*Kann meine Venus gut allein sein?* Könnte sie schon, aber es passiert ziemlich selten.

*Sucht meine Venus Sicherheit?* Nein, die gibt es sowieso nicht.

*Besteht meine Venus auf Treue?* Sie besteht auf Fairneß, das ist wichtiger als Treue.

*Ist meine Venus eifersüchtig?* »Nein«, sagt sie, aber »Ja« fühlt sie.

*Findet meine Venus leicht Partner?* Dabei hat sie keinerlei Probleme.

## *Venus in den Fischen* – MYSTISCHE LIEBE

**Venusstärken** Hingebungsvoll, tief, selbstlos
**Venusschwächen** Unklar

Für Ihre Venus in den Fischen existieren keine Grenzen und keine Distanz. Probieren Sie's aus! Schicken Sie Ihren Partner zweitausend Kilometer weg. Vereinbaren Sie einen Zeitpunkt, um sich zu lieben: Es ist, als wären Sie bei ihm. Genaugenommen wächst Ihre Liebe sogar proportional zur Entfernung – und mit der Schwierigkeit, ihn zu kriegen: Ihre Favoriten sind vergebene oder weit entfernte Männer und Frauen.
Ihr Geheimnis? Ihre Venus in den Fischen ist eine Träumerin! Sie zieht schmachtende Sehnsucht plattem Zweier-Einerlei vor. Sie fürchtet den Alltag, weil er sie aus ihren Träumen weckt. Ist das ein Problem? Vielleicht machen Sie eins draus! Weil Sie die Liebe mystifizieren, gestatten Sie ihr keine Grenzen. Nein, Sie sagen nicht, daß Sie genug haben und jetzt allein sein möchten, daß Sie auftanken müssen in Ihrer inneren Welt. Sie sagen gar nichts, aber Sie flüchten in Ihren unsichtbaren Elfenbeinturm und spielen »Mich versteht sowieso keiner«, in der Hoffnung, daß man Sie in Ruhe läßt.
Lernen Sie, sich klar abzugrenzen! Keine andere Venusgestalt liebt so selbstlos, so phantasievoll, zärtlich und innig. Sie haben ein Recht auf schöpferische Pausen!

*Venus-Check*
*Kann meine Venus gut allein sein?* O ja, im Grunde ist man immer allein.
*Sucht meine Venus Sicherheit?* Nein, die gibt es sowieso nicht.
*Besteht meine Venus auf Treue?* Nein, man kann auf gar nichts bestehen!
*Ist meine Venus eifersüchtig?* Nein, es schmerzt höchstens.
*Findet meine Venus leicht Partner?* Ja, aber es ist der falsche.

## *Das Marshoroskop –*
## POTENT, AKTIV, ERFOLGREICH UND MÄNNLICH SEIN

Rötlich funkelnd wie Feuer oder Blut, so präsentiert sich nur ein Gestirn am nächtlichen Himmel: der Planet Mars. Abhängig von seiner Nähe zur Erde verändert sich obendrein die Intensität. Menschen früherer Zeiten erschauerten daher, wenn sein Rot zunahm. Sie sprachen von einem zornigen Auge am Himmel und betrachteten es als böses Omen.

In klassischer Zeit galt Mars als Kriegsgott und Beschützer im Kampf: »Beschütze uns, Mars, und schlage dafür den Feind mit Feigheit und Schwäche«, soll der römische Kaiser Titus Flavius vor seinen Schlachten gerufen haben.

Hinter Mars stecken allerdings nicht nur bedrohliche Eigenschaften: So schickt er zum Beispiel zündende Ideen, verleiht Startkraft und schenkt Courage. Mars sorgt für den richtigen Biß, um sich behaupten und Rivalen überwinden zu können. Er verleiht die für Konkurrenzgerangel unerläßlichen »spitzen Ellenbogen« und programmiert auf Sieg. Er verkörpert das Urmännliche, den heldenhaften, schönen Jüngling genauso wie einen sexbesessenen Macho. Mars steht auch einfach für Sex, Potenz und Triebkraft. In ganz besonderer Weise verrät die Marsposition die Art und Weise des Eroberungsspiels: Ob man direkt auf jemanden zugeht, abwartet oder gar zum Rückzug bläst – es ist Mars, der die Fäden zieht.

Er ist ein absolut männlicher Planet, vielleicht der männlichste überhaupt. Frauen besitzen zwar genau wie Männer ihren Mars, aber eher als Potential, als Anlagebild, und neigen dazu, ihn nicht selbst auszuleben, sondern ihn zu projizieren. Sie suchen sich Männer, die ihrem Mars entsprechen. Über diesen Umweg hat er dann doch Anteil an ihrem Leben. Frauen, die Berufe ergreifen, welche früher eher als typisch männlich galten – im Management beispielsweise –, leben ihren Mars weitgehend selbst. Mars ist der regierende Planet des Widders und besitzt daher viele Wesenszüge dieses Tierkreiszeichens.

## DIE ERMITTLUNG DES MARSZEICHENS

Suchen Sie in der folgenden Marstabelle Ihren Geburtstag, und entnehmen Sie Ihre Marsposition, die Sie auf den entsprechenden Text im anschließenden Kapitel über die Marszeichen verweist. (Siehe auch die Vorbemerkung am Beginn von Teil II dieses Buches.)

### Die Marstabelle

**1920*** 20.1.–31.1. Waage, 1.2.–20.2. Skorpion, **1921** 20.1.–12.2. Fische, 13.2.–20.2. Widder, **1922** 20.1.–18.2. Skorpion, 19.2.–20.2. Schütze, **1923** 20.1. Fische, 21.1.–20.2. Widder, **1924** Schütze, **1925** 20.1.–4.2. Widder, 5.2.–20.2. Stier, **1926** 20.1.–8.2. Schütze, 9.2.–20.2. Steinbock, **1927** Stier, **1928** Steinbock, **1929** Zwillinge, **1930** 20.1.– 6.2. Steinbock, 7.2.–20.2. Wassermann, **1931** 20.1.–16.2. Löwe, 17.2.–20.2. Krebs, **1932** Wassermann, **1933** Jungfrau, **1934** 20.1.–3.2. Wassermann, 4.2.–20.2. Fische, **1935** Waage, **1936** Fische, **1937** Skorpion, **1938** 20.1.–30.1. Fische, 31.1.–20.2. Widder, **1939** 20.1.–28.1. Skorpion, 29.1.–20.2. Schütze, **1940** 20.1.–16.2. Widder, 17.2.–20.2. Stier, **1941** 20.1.–17.2. Schütze, 18.2.– 20.2. Steinbock, **1942** Stier, **1943** 20.1.–26.1. Schütze, 27.1.–20.2. Steinbock, **1944** Zwillinge, **1945** 20.1.–13.2. Steinbock, 14.2.–20.2. Wassermann, **1946** Krebs, **1947** 20.1.–25.1. Steinbock, 26.1.–20.2. Wassermann, **1948** 20.1.–11.2. Jungfrau, 12.2.–20.2. Löwe, **1949** 20.1.–11.2. Wassermann, 12.2.–20.2. Fische, **1950** Waage, **1951** 20.1.–22.1. Wassermann, 23.1.–20.2. Fische, **1952** Skorpion, **1953** 20.1.–7.2. Fische, 8.2.–20.2. Widder, **1954** 20.1.–9.2. Skorpion, 10.2.–20.2. Schütze, **1955** Widder, **1956** Schütze, **1957** 20.1.–28.1. Widder, 29.1.–20.2. Stier, **1958** 20.1.–3.2. Schütze, 4.2.–20.2. Steinbock, **1959** 20.1.–10.2. Stier, 11.2.–20.2. Zwillinge, **1960** Steinbock, **1961** Krebs, **1962** 20.1.–1.2. Steinbock, 2.2.–20.2. Wassermann, **1963** Löwe, **1964** 20.1.–19.2. Wassermann, 20.2. Fische, **1965** Jungfrau, **1966** 20.1.–29.1. Wassermann, 30.1.–20.2. Fische, **1967** 20.1.–11.2. Waage, 12.2.–20.2.

* Siehe auch die Anmerkung zur Mondtabelle.

Skorpion, **1968** 20.1.–16.2. Fische, 17.2.–20.2. Widder, **1969** Skorpion, **1970** 20.1.–24.1. Fische, 25.1.–20.2. Widder, **1971** 20.1.–22.1. Skorpion, 23.1.–20.2. Schütze, **1972** 20.1.–10.2. Widder, 11.2.–20.2. Stier, **1973** 20.1.–11.2. Schütze, 12.2.–20.2. Steinbock, **1974** Stier, **1975** 20.1.–21.1. Schütze, 22.1.–20.2. Steinbock, **1976** Zwillinge, **1977** 20.1.–9.2. Steinbock, 10.2.–20.2. Wassermann, **1978** 20.1.–25.1. Löwe, 26.1.–20.2. Krebs, **1979** 20.1. Steinbock, 21.1.–20.2. Wassermann, **1980** Jungfrau, **1981** 20.1.–6.2. Wassermann, 7.2.–20.2. Fische, **1982** Waage, **1983** Fische, **1984** Skorpion, **1985** 20.1.–2.2. Fische, 3.2.–20.2. Widder, **1986** 20.1.–1.2. Skorpion, 2.2.–20.2. Schütze, **1987** Widder, **1988** Schütze, **1989** Stier, **1990** 20.1.–29.1. Schütze, 30.1.–20.2. Steinbock, **1991** 20.1.–21.1. Stier, 22.1.–20.2. Zwillinge, **1992** 20.1.–17.2. Steinbock, 18.2.–20.2. Wassermann, **1993** Krebs, **1994** 20.1.–27.1. Steinbock, 28.1.–20.2. Wassermann, **1995** 20.1.–23.1. Jungfrau, 24.1.–20.2. Löwe, **1996** 20.1.–14.2. Wassermann, 15.2.–20.2. Fische, **1997** Waage, **1998** 20.1.–24.1. Wassermann, 25.1.–20.2. Fische, **1999** 20.1.–26.1. Waage, 27.1.–20.2. Skorpion, **2000** 20.1.–11.2. Fische, 12.2.–20.2. Widder, **2001** 20.1.–13.2. Skorpion, 14.2.–20.2. Schütze, **2002** Widder, **2003** Schütze

## *Mars im Widder* – DIREKTES EROBERUNGSSPIEL

**Marsstärken** Energisch, kühn, mutig, stolz
**Marsschwächen** Streitsüchtig, egoistisch

Sie haben einen tollen Mars! Als Herrscher des Widderzeichens, dessen Element zudem das Feuer ist, kann er sich hier so richtig entfalten. Diese Konstellation verleiht Feuer im Doppelpack, macht kämpferisch, mutig und furchtlos. Sie sind ein Draufgänger, ein Held und Abenteurer, jemand, der nicht lange fackelt, sondern nach seiner Fasson lebt und dafür sorgt, daß sein Wille geschehe.
Allerdings kann es sein, daß sich Ihr Mars (noch) »versteckt«, daß Sie sich und andere vor ihm schützen, ihn vielleicht unterdrücken oder verleugnen. Sie halten sich vielmehr für eine friedliche oder gehemmte Person. Das würde dann bedeuten, daß Sie Ihren Mars erst noch entdecken müssen. Vielleicht kennen Sie diese Kraft bisher nur als inneres Rumoren, als gelegentliches Beben, als völlig unerwarteten Wutausbruch. Möglicherweise steigt Ihnen Ihr Mars auch in den Kopf und macht sich dort schmerzhaft bemerkbar. Sie können jedenfalls sicher sein, daß dieser Mars zum Ausbruch drängt wie Feuer in einem Vulkan. Besser, Sie geben ihm rechtzeitig Raum und verschaffen sich so Luft! Was Ihnen hilft, ist eine Tätigkeit, die Ihnen möglichst viel Freiheit läßt. Erleichterung finden Sie auch über sämtliche aktiven Sportarten. Am wichtigsten aber ist, daß Sie mit der Zeit mehr und mehr zu Ihrem Mars stehen, sich mehr zutrauen, öfter mal über die Stränge schlagen und sich nicht selbst dafür tadeln, wenn Ihr »marsischer« Anteil über Sie kommt.

*Mars-Check*
*Wie gut setze ich mich durch?* Ich habe alle Voraussetzungen, um mich gut durchzusetzen.
*Wie aggressiv macht mich mein Mars?* Ich muß mich ausleben, sonst werde ich sehr aggressiv.
*Wieviel Sexpower verleiht mir mein Mars?* Wenn ich mich nicht selbst unterdrücke, habe ich jede Menge Sex.

## *Mars im Stier* – GENUSSVOLLES EROBERUNGSSPIEL

**Marsstärken** Ausdauernd, zäh, sinnlich
**Marsschwächen** Jähzornig, gierig, stur

Mars im Stier bedeutet eine Verbindung von Feuer (denn Mars ist ein Feuerplanet) und Erde (denn Stier ist vom Element her Erde). Diese Kombination verleiht Ihnen die Stärke eines mittleren Erdbebens. Was Sie anpacken, ziehen Sie auch durch, denn Sie haben nicht nur Kraft, sondern sind auch zäh und ausdauernd. Ihr Feuer brennt nicht lichterloh (um dann rasch in sich zusammenzufallen), es gleicht einer beständigen Glut. Darüber hinaus bringt die Begegnung des »Sexplaneten« Mars mit dem Tierkreiszeichen Stier eine betont sinnliche Komponente in Ihr Dasein. Die dritte Haupteigenschaft dieser Marsposition ist ein enormer Erwerbstrieb: Ihr Lebtag arbeiten Sie für Sicherheit, Geld, ein Haus, Luxus und was auch immer. Sie sind dafür geboren, das Fleckchen Erde, auf dem Sie leben, in ein blühendes Paradies zu verwandeln.
Möglicherweise aber führt Ihr Mars ein Schattendasein, und Sie kennen ihn noch gar nicht richtig. Vielleicht schätzen Sie Ihr Leben überhaupt nicht als übermäßig sinnlich ein oder bezeichnen sich sogar als arm. Aber das heißt nur, daß Sie Ihren Mars noch nicht »gefunden« haben. Dennoch existiert er, seine kolossale Kraft, seine Sinnlichkeit und der Zug zu Reichtum schlummern in Ihnen.
Was Ihnen hilft, Ihren Mars zu »wecken«, ist körperliche Bewegung und Kontakt mit der Natur. Am wichtigsten aber ist, daß Sie an Ihren Mars glauben und in Ihrem Denken und Handeln Raum dafür schaffen.

*Mars-Check*
*Wie gut setze ich mich durch?* Wenn ich angegriffen werde, werde ich stark.
*Wie aggressiv macht mich mein Mars?* Ich kann furchtbar wütend werden, wenn man mich reizt.
*Wieviel Sexpower verleiht mir mein Mars?* Darüber muß man kein Wort verlieren – oder höchstens eines: viel ...!

## *Mars in den Zwillingen –* VERSPIELTES EROBERUNGSSPIEL

**Marsstärken** Gewandt, neugierig, vielseitig
**Marsschwächen** Unkonzentriert, zerstreut

Mars in den Zwillingen hilft Ihnen, ein unternehmerischer, vielseitig interessierter und talentierter Mensch zu sein. Diese Konstellation verleiht Ihnen ein Feuer, das mutig und unerschrocken macht. Mit Mars, dem Feuerplaneten, und Zwillinge, einem Luftzeichen, treffen zwei Elemente aufeinander, die eine sehr günstige Mischung ergeben: Feuer braucht Luft. Im übertragenen Sinne bedeutet Luft Kommunikation. Daraus folgt, daß Sie vitaler, lebendiger und feuriger werden, sobald Sie unter Menschen sind. Hingegen dämpft Alleinsein Ihr Temperament. Oder die Gedanken beginnen zu rotieren, und Sie können Ihren Kopf nicht mehr abschalten.
Ihre durch Mars in den Zwillingen gesteigerte Neugierde, Ihr Interesse an allem, läßt sich jedoch nur im Kontakt mit Ihrer Außenwelt ausreichend befriedigen.
Allerdings kann es auch sein, daß Sie Ihren Mars noch gar nicht richtig entdeckt haben und ihn daher nicht ausleben können. Ihr eigenes Leben kommt Ihnen vielleicht überhaupt nicht übermäßig interessant und abwechslungsreich, sondern eher ziemlich langweilig vor. Das hieße dann aber, daß Sie Ihren Mars schleunigst ans Licht holen sollten. In jedem Fall existiert diese lebendige Kraft in Ihnen. Daran gibt es keinen Zweifel.

*Mars-Check*
*Wie gut setze ich mich durch?* Verbal kann ich mich prima durchsetzen.
*Wie aggressiv macht mich mein Mars?* Ich schimpfe höchstens einmal kräftig.
*Wieviel Sexpower verleiht mir mein Mars?* Ich bin kein wildes Tier, aber ich habe viel Lust am Sex.

## *Mars im Krebs* – GEFÜHLVOLLES EROBERUNGSSPIEL

**Marsstärken** Gefühlsstark, strebsam
**Marsschwächen** Nachlässig, »zickig«

Mars, der Feuerplanet, und Krebs, von seiner Energie her ein Wasserzeichen, treffen aufeinander. Das kann dazu führen, daß das Feuer zunächst einmal im Wasser erlischt. Dann ist man ein Mensch, der Schwierigkeiten hat, seinen Willen durchzusetzen, die Ellenbogen zu benutzen, sich zu behaupten – denn all dies sind Eigenschaften, die der Planet Mars verleiht. Zugleich ist man innerlich gespannt, spürt Wut, Frustration und Ungenügen, kann damit aber nicht richtig herausrücken.

Es gibt jedoch auch die Möglichkeit, den Mars im Krebs zu transformieren. Dabei gilt es zu akzeptieren, daß man zwar nicht so direkt und forsch handeln kann, wie man es bei einem ungebremsten Mars erwarten würde, dafür aber ein tiefes Gefühlsleben besitzt. Mit Mars im Krebs ist man in positivster Weise ein Mensch, der tief in sich hineinschaut und seine Seele (und auch die anderer) kennt. Wenn Sie Ihren Mars so leben und erleben, sind Sie ein rezeptiver, kreativer Mensch, einer, der durch sein Mitschwingen mit anderen und sein psychologisches Gespür am Ende genauso viel erreicht wie Menschen mit anderen Marspositionen.

Allerdings kann es auch sein, daß Ihr Mars noch ein Schattendasein führt. Sie schätzen ihn nicht und versuchen, ihn durch effektiveres Verhalten zu ersetzen. Nur funktioniert das so eben nicht: Am Ende werden Sie noch unsicherer sein.

Stehen Sie zu Ihrem Mars! Leben Sie Ihren Mars mit all seinen Widersprüchen. Betreiben Sie Weiterbildung in Sachen Psychologie. Das hilft Ihnen, sich selbst besser zu verstehen.

*Mars-Check*

*Wie gut setze ich mich durch?* Auf direktem Wege fällt es mir schwer, mich durchzusetzen.

*Wie aggressiv macht mich mein Mars?* Es dauert lange, bis ich wütend werde.

*Wieviel Sexpower verleiht mir mein Mars?* Wenn ich mich sicher fühle, bin ich sehr erotisch.

## *Mars im Löwen* – IMPOSANTES EROBERUNGSSPIEL

**Marsstärken** Selbstbewußt, herzlich, stolz
**Marsschwächen** Selbstsüchtig, eitel

Sie haben einen besonders starken Mars, und das hat seinen guten Grund: Der feurige Planet Mars begegnet dem Löwen, einem dem Element Feuer zugehörenden Zeichen. Feuer trifft also auf Feuer, verdoppelt sich, wird zur lodernden Flamme. Da Feuer ein Symbol gleichermaßen für Tatkraft wie geistige Regsamkeit ist, müssen Sie ein dynamischer, unternehmungsfreudiger Mensch sein, dessen Wirken durchdrungen ist von geistiger Weitsicht und Größe. Ihren hohen Ansprüchen, mit denen Sie um die Durchsetzung Ihrer Ziele kämpfen, steht eine einnehmende Herzlichkeit und eine lockere, beinahe spielerische Haltung gegenüber. Man könnte meinen, Ihre Erfolge fallen Ihnen einfach in den Schoß. Aber Sie bekommen nichts »gratis«. Sie sind dem Leben und anderen Menschen gegenüber immer hilfsbereit und großzügig – und das gibt Ihnen das Leben zurück.
Sollten Sie sich in diesem Bild nicht finden und sich vom Leben eher benachteiligt als beschenkt fühlen, führt Ihr Mars ein Schattendasein. Sie haben ihn noch gar nicht richtig entdeckt und können ihn daher nicht ausleben.
Was Ihnen hilft, Ihren Mars zu »wecken«, ist Bewegung, Tanz, aktiver Sport. Vor allem aber müssen Sie direkter, spontaner und selbstbewußter werden. Sie müssen sich mit dem Mars in Ihrem Inneren verbinden – es ist alles da, was Sie brauchen.

*Mars-Check*
*Wie gut setze ich mich durch?* Damit habe ich überhaupt keine Probleme.
*Wie aggressiv macht mich mein Mars?* Ich bin nicht leicht aus der Ruhe zu bringen. Aber wenn es sein muß, kann ich richtig toben.
*Wieviel Sexpower verleiht mir mein Mars?* Starken Partnern schenke ich alles – Schwächlinge schläfern mich ein.

## *Mars in der Jungfrau –* VERSTECKTES EROBERUNGSSPIEL

**Marsstärken** Geistig fit, vernünftig, aktiv, arbeitsmotiviert, fleißig
**Marsschwächen** Zwanghaft, überängstlich

Feuer und Erde verbinden sich bei der Konstellation Mars in der Jungfrau, einem Erdzeichen. Feuer und Erde zusammen wecken Aktivität, Arbeitswillen, Genauigkeit und Realitätssinn. Ihr Feuer gleicht einer anhaltenden Glut. Das macht Sie zu einem Menschen, der gern und gut arbeitet, ausdauernd und präzise ist, strategisch vorgeht und sich nicht unüberlegt in seine Arbeit stürzt. Mars in der Jungfrau macht auch vorsichtig. Das kann unter Umständen in Kleinlichkeit und Angst ausarten. Auch eine übertrieben kritische Haltung sich selbst und anderen gegenüber kann die Folge sein. Sie brauchen daher ein Ventil, etwas, das Ihnen erlaubt, Ihren Mars ohne zuviel Kontrolle und Analyse ausleben zu können, wie zum Beispiel Sport oder andere körperliche Aktivitäten. Auch riskante Freizeitbeschäftigungen (Paragliding, Klettern) sind für Sie und Ihren Mars geeignet: Sie passen nämlich gut auf sich auf – und Ihrem Mars ist Genüge getan. Das wiederum kommt, zusammen mit der Jungfrauenergie, Ihrem Schaffen zugute.
Sie sollten auch einen Weg finden, Ihre Wut und Ihre Verletzungen besser zu zeigen. Mit Mars in der Jungfrau neigt man nämlich dazu, seine Aggressionen zu unterdrücken und irgendwo zu »bunkern« – bis dann das Maß voll ist und man wegen einer Kleinigkeit »an die Decke geht«.

*Mars-Check*

*Wie gut setze ich mich durch?* Ich habe Probleme, mich durchzusetzen.
*Wie aggressiv macht mich mein Mars?* Ich brauche lange, bis ich explodiere.
*Wieviel Sexpower verleiht mir mein Mars?* Ich bin kein Hengst, aber auch keine Schnecke. Erfolg macht mich sexy.

## *Mars in der Waage* – RAFFINIERTES EROBERUNGSSPIEL

**Marsstärken** Lebhaft, gesellig, charmant, beliebt, ausgleichend, korrekt
**Marsschwächen** Ausschweifend, untreu, unmäßig

Mit Ihrer Marsposition vereinigen sich Feuer (Mars) und Luft (Waage). Diese Kombination kommt beiden Elementen zugute und wertet sie auf. Sie sind daher ein leichter, »luftiger« Mensch von sanguinischem Temperament und besitzen die Gabe, andere rasch für sich einzunehmen. Ihr Auftreten ist charmant, einfühlsam, zuvorkommend. Ihr Mars in der Waage macht Sie auch zu einem Streiter für Frieden und Ausgleich. Wo immer Ungerechtigkeiten und Zwietracht herrschen, fühlen Sie sich aufgerufen, zu schlichten und zu versöhnen. Zuweilen bricht aber auch bei Ihnen Mars in all seiner Heftigkeit durch, nämlich dann, wenn Sie zu lange versucht haben, ihn zu kontrollieren und zu unterdrücken.
Mars in der Waage führt auch zu starker Denkarbeit. Sie glauben, alle Probleme mit dem Kopf lösen zu können. Wichtig ist, sich für Ihren Mars ein Ventil zu suchen. Man kann diesen Planeten nicht zu permanenter Friedfertigkeit veranlassen. Aber wenn Sie ihn anderweitig leben, beim Sport, bei abenteuerlicher Freizeitgestaltung, dann gelingt es Ihnen besser, Ihren Mars für Ihre friedlichen Missionen einzuspannen. Ein weiteres Plus Ihrer Marsposition sind ein guter Geschmack und künstlerisches Talent.

*Mars-Check*
*Wie gut setze ich mich durch?* Ich bin ein guter Taktiker.
*Wie aggressiv macht mich mein Mars?* Eigentlich bin ich sehr friedlich, aber manchmal explodiere ich schon wegen einer Kleinigkeit.
*Wieviel Sexpower verleiht mir mein Mars?* Sex habe ich genug. Aber ich suche mehr, und zwar geistiges Verstehen.

## *Mars im Skorpion* – INBRÜNSTIGES EROBERUNGSSPIEL

**Marsstärken** Kraftvoll, ausdauernd, hartnäckig, leidenschaftlich, furchtlos und mutig
**Marsschwächen** Lasterhaft, rachsüchtig

Ihnen steht ein besonderer Mars, eine starke, vitale Kraft zur Seite. Sie sind ausgesprochen zäh, wenn es um die Verwirklichung eines Zieles geht, an dem Ihnen auch emotional liegt. Selbst Mühen und Unannehmlichkeiten, mit denen sich andere Menschen nicht belasten würden, nehmen Sie dann gern in Kauf. Nicht verwunderlich ist es, daß diese Hartnäckigkeit mitunter zu außerordentlichen Leistungen führt. Dennoch sind Sie kein Kraftprotz, einer, der die Muskeln spielen läßt und bei jeder Gelegenheit zeigen will, was er draufhat. Skorpion ist vom Element her ein Wasserzeichen. Die Kraft des Planeten Mars ist nicht auf äußere Wirkung aus. Seine Power geht nach innen. Diese Marsposition führt dazu, daß Sie instinktiv wissen, wann Ihr Einsatz wichtig ist, wann etwas Bedeutsames und Wichtiges ansteht und erledigt werden muß: Dann werden Sie zum »Helden«. Daher ist Ihnen zu raten, Herausforderungen zu suchen und anzunehmen. Nur dann steht Ihr Mars voll auf Ihrer Seite, während Sie sonst beinahe müde und lustlos sein können.
Ihr Mars neigt zur Zerstörung. Das ist immer dann gut, wenn etwas alt, verbraucht, überholt und ein neuer Anfang angezeigt ist. Aber hüten Sie sich vor mutwilliger Zerstörung! – Mit Mars im Skorpion verfügen Sie auch über eine kolossale Sexpower. Sie sind leidenschaftlich, triebstark und letztendlich beseelt von der Idee, für Nachwuchs zu sorgen.

*Mars-Check*
*Wie gut setze ich mich durch?* Ich bringe meine Power indirekt ein und setze so meinen Willen durch.
*Wie aggressiv macht mich mein Mars?* Ich kann alles zerstören.
*Wieviel Sexpower verleiht mir mein Mars?* Mehr als allen anderen.

## *Mars im Schützen* – FEURIGES EROBERUNGSSPIEL

**Marsstärken** Schlagfertig, gerecht, begeisterungsfähig, klar und offen
**Marsschwächen** Streitbar, aggressiv, beleidigend

Mit Mars im Schützezeichen trifft Feuer wieder auf Feuer und wird zur lodernden Flamme: Ihr Mars zeigt sich mit besonderer Intensität. Da Feuer ein Symbol gleichermaßen für Tatkraft wie geistige Regsamkeit ist, müssen Sie ein dynamischer, unternehmungsfreudiger Mensch sein, dessen Wirken durchdrungen ist von geistiger Weitsicht und Größe. Ihr Handeln und Wirken wird stark von Idealen geleitet: von Gerechtigkeit, Ritterlichkeit und Fairneß. Sie sind leicht zu begeistern und – einmal in Schwung – kaum zu bremsen. Was Sie brauchen, ist ein Ziel, eine Hoffnung, eine Perspektive, sonst erlischt Ihr Feuer.
Allerdings kann es auch sein, daß Ihr Mars noch ein Schattendasein führt, daß Sie ihn noch gar nicht richtig entdeckt haben. Vielleicht meinen Sie, keineswegs feurig oder übermäßig aktiv zu sein, sondern erleben sich eher als passiven Zeitgenossen. Dies hieße dann, daß Sie einen Teil Ihres Selbst negieren – und sich auf die Suche nach Ihrem Mars begeben sollten.
Was Ihnen hilft, Ihren Mars zu »wecken«, ist Bewegung, Tanz, aktiver Sport und Reisen. Vor allem aber müssen Sie direkter, spontaner und selbstbewußter werden. Sie müssen sich mit dem Mars in Ihrem Inneren verbinden – es ist alles da, was Sie brauchen.

*Mars-Check*
*Wie gut setze ich mich durch?* Solange Fairneß herrscht, kann ich mich prima durchsetzen.
*Wie aggressiv macht mich mein Mars?* Ich bin nicht aggressiv, aber für eine gute Sache werde ich zum heiligen Krieger.
*Wieviel Sexpower verleiht mir mein Mars?* Sex bringt mich dem Himmel näher.

## *Mars im Steinbock* – BERECHNENDES EROBERUNGSSPIEL

**Marsstärken** Verantwortungsvoll, geduldig, zäh, mutig, tatkräftig
**Marsschwächen** Eigenwillig, mißmutig

Mars im Steinbock führt zu einer Verbindung von Feuer und Erde, da der Steinbock zu den Erdzeichen zählt. Feuer und Erde zusammen wecken Arbeitswillen, Genauigkeit und Realitätssinn. Ihr Feuer brennt nicht lichterloh (um sich dann rasch zu verzehren), sondern lang anhaltend wie eine wohlgeschürte Glut. Das macht Sie zu einem Menschen, der gern und gut arbeitet, ausdauernd und präzise ist, strategisch vorgeht und sich nicht unüberlegt in seine Tätigkeiten stürzt. Mars im Steinbock macht auch extrem widerstandsfähig. Man kann Sie mit einem Diamantbohrer vergleichen, der sich in eine Sache unaufhaltsam hineinfrißt. Mars im Steinbock macht erfolgreich. Er verleiht Ihnen die entsprechende Motivation und ein Gespür für Machtverhältnisse.
Diese Konstellation bedeutet aber auch, daß sich Mars total wandeln muß. Aus einer impulsiven, feurigen, leicht erregbaren, leidenschaftlichen Energie wird eine kontrollier- und regelbare Kraft, die sich einer höheren Absicht fügt und dem Allgemeinwohl dient. Sie dürfen allerdings die ursprüngliche Qualität von Mars nicht vollständig verlieren. Das würde zu Aggressionsstau und unter Umständen sogar zu gesundheitlichen Problemen führen. Es ist also wichtig, sich für Ihren Mars ein Ventil zu suchen. Wenn Sie ihn anderweitig leben, beim Sport oder bei abenteuerlicher Freizeitgestaltung, dann gelingt es Ihnen besser, Ihren Mars für Ihre höheren Zwecke einzuspannen.

*Mars-Check*
*Wie gut setze ich mich durch?* Ich bin ein harter Arbeiter und schaffe alles, was ich will.
*Wie aggressiv macht mich mein Mars?* Normalerweise bin ich friedlich. Wer es aber drauf anlegt, wird mich kennenlernen.
*Wieviel Sexpower verleiht mir mein Mars?* Wenn die Verhältnisse stimmen, hole ich mir auch hier meine Gipfelerlebnisse!

## *Mars im Wassermann –* GEISTREICHES EROBERUNGSSPIEL

**Marsstärken** Aufgeweckt, innovativ, selbständig, schöpferisch
**Marsschwächen** Prahlerisch, eingebildet

Mit Ihrer Marsposition vereinigen sich Feuer (Mars) und Luft (Wassermann). Diese Kombination kommt beiden Elementen zugute und wertet sie auf. Sie sind daher ein leichter, »luftiger« Mensch, der die Gabe besitzt, andere für sich einzunehmen. Ihr Auftreten ist charmant, einfühlsam und zuvorkommend.
Alltag, graues Einerlei, tägliche Routine erzeugen bei Ihnen eine Gänsehaut. Sie möchten Neues erschaffen, eingefahrene Gleise verlassen, originell und schöpferisch sein. Freiheit ist für Sie überaus wichtig. Sie arbeiten besser, wenn Sie nicht ständig jemand gängelt. Sie sind der geborene »Freelancer«. Ihr ausgeprägtes Improvisationstalent ermöglicht Ihnen, originelle und unkonventionelle Lösungen zu finden, wenn Sie nicht durch Vorgaben eingeschränkt werden. In Beziehungen wird es Ihnen ebenfalls schnell zu eng. Eine Ehe bereitet Ihnen (auch) Probleme, Sie fühlen sich unfrei, wie »eingesperrt«.
Vielleicht aber entspricht diese Charakterisierung nicht Ihrem Selbstbild: Weder schätzen Sie sich als unabhängig oder freiheitsliebend noch als übermäßig schöpferisch ein. Dann ist zu vermuten, daß Ihr Mars noch auf seine Entdeckung wartet. Machen Sie sich auf die Suche! Was Ihnen hilft, Ihren Mars zu »wecken«, ist Bewegung, vor allem Tanz. Noch wichtiger aber ist, unkonventioneller und spontaner zu werden. Sie müssen sich mit dem Mars in Ihrem Inneren verbinden – es ist alles da, was Sie benötigen.

*Mars-Check*

*Wie gut setze ich mich durch?* Ich bin genial, aber nicht unbedingt durchsetzungsstark.
*Wie aggressiv macht mich mein Mars?* Ich hasse aggressive Menschen.
*Wieviel Sexpower verleiht mir mein Mars?* Sex ist schön, aber er ist nicht alles.

## *Mars in den Fischen –* SPHINXHAFTES EROBERUNGSSPIEL

**Marsstärken** Empfänglich, intuitiv, einfühlsam, kreativ
**Marsschwächen** Willensschwach, beeinflußbar, täuschbar

Der Feuerplanet Mars steht im Wasserzeichen Fische: Feuer und Wasser treffen aufeinander. Das kann dazu führen, daß das Feuer zunächst einmal ausgeht. Dann sind Sie jemand, der Schwierigkeiten hat, seinen Willen durchzusetzen, die Ellenbogen zu benutzen und sich zu behaupten – denn all dies sind marsische Eigenschaften. Gleichzeitig fühlen Sie sich jedoch innerlich gespannt, spüren Wut, Enttäuschung und Ungenügen, kommen damit aber nicht richtig heraus.
Es gibt jedoch auch die Möglichkeit, den Mars in den Fischen zu transformieren. Dazu muß man akzeptieren, daß man zwar nicht so direkt und forsch vorgeht, wie man es bei einem ungebremsten Mars erwarten würde, dafür aber eine andere Fähigkeit besitzt, nämlich ein kolossales Gespür. Das Fischezeichen ist seinem Wesen nach »transparent«, es besitzt keine klaren Grenzen, versetzt jemanden daher in die Lage, sich universell zu »vernetzen«. Man besitzt also eine Art sechsten Sinn, spürt andere Menschen, die sich nicht einmal in der Nähe aufhalten, ja, vermag sich sogar in die Zukunft zu »beamen«. Mars kann all diese Fähigkeiten noch steigern: Man wird zum paranormalen Individuum.
Wenn Sie Ihren Mars so in Ihr Leben integrieren, sind Sie ein Mensch, der durch sein Mitschwingen mit anderen und sein psychologisches Gespür am Ende genauso viel erreicht wie Menschen mit anderen Marspositionen.

*Mars-Check*

*Wie gut setze ich mich durch?* Damit habe ich Probleme. Versuche ich es dennoch, muß ich von der Sache hundertprozentig überzeugt sein.
*Wie aggressiv macht mich mein Mars?* Es dauert ewig, bis ich aus der Haut fahre.
*Wieviel Sexpower verleiht mir mein Mars?* Sex ist wunderbar, aber er ist nicht alles ...

# *Das Jupiterhoroskop –*
## INNERLICH UND ÄUSSERLICH REICH UND ERFOLGREICH SEIN

*Jupiterzeichen*

Nachts, wenn Venus nicht mehr (oder noch nicht) am Himmel leuchtet, ist Jupiter einer der hellsten Sterne überhaupt. Kein Wunder daher, daß er unseren Vorfahren, die der Nacht in viel umfassenderem Maße ausgeliefert waren als wir heute in unserer künstlich erhellten Zeit, ein Symbol für Hoffnung, Trost, Stimmigkeit und Gerechtigkeit war. Oft verband man ihn mit der obersten Gottheit.

So auch in der griechischen Mythologie, auf die sich die Symbolik der Astrologie entscheidend bezieht. Jupiter heißt bei den Griechen »Zeus«, und über ihn gibt es unzählige Mythen. So war er es, der gegen seinen Vater Saturnus bzw. Kronos, den obersten der Titanen, antrat und ihn besiegte. Saturnus hatte nämlich außer Zeus alle seine Nachkommen aufgefressen, weil ihm geweissagt worden war, daß ihn eines seiner Kinder vom Throne stoßen würde. Rheia, Zeus' Mutter, versteckte ihren Sohn vor dem Vater, und die Prophezeiung erfüllte sich: Zeus entthronte ihn und warf ihn in den Tartaros.

Andere Geschichten über Zeus/Jupiter erzählen eher Delikates. So gelüstete es den obersten Gott wie gesagt immer wieder nach weltlichen Frauen, die er durch List dazu brachte, mit ihm zu schlafen und Kinder von ihm zu empfangen. Bei Leda verwandelte er sich zum Beispiel in einen Schwan und zeugte mit ihr Pollux. Auch Herakles und Dionysos entstammten seinem gemeinsamen Lager mit sterblichen Frauen. Gezeugt durch den unsterblichen Jupiter, erlangten seine Kinder ebenfalls die Unsterblichkeit.

Die Position Jupiters im Horoskop verweist daher einerseits auf tiefe Einsichten: Jupiter sorgt dafür, daß uns »ein Licht aufgeht«, wir letzten Endes weise werden. Auf der anderen Seite verkörpert Jupiter eine Gestalt, der eine unendlich große Liebe zukommt. Sinnbildlich gesprochen, sehnt sich der Mensch danach, sich mit dem göttlichen Jupiter zu vereinigen, um Kinder (symbolisch für Ideen und Taten) zu gebären, die unsterblich sind.

Des weiteren repräsentiert Jupiter den großen Helfer und Heiler. Dort, wo er im Horoskop steht, findet der Mensch Kräfte, sich und andere zu trösten und zu stärken. Am bekanntesten ist Jupiter in der Astrologie aber deswegen, weil er das Glück verheißt.

## DIE ERMITTLUNG DES JUPITERZEICHENS

Suchen Sie in der Jupitertabelle Ihren Geburtstag, und entnehmen Sie Ihre Jupiterposition, die Sie auf den entsprechenden Text im anschließenden Kapitel über die Jupiterzeichen verweist. (Siehe auch die Vorbemerkung am Beginn von Teil II dieses Buches.)

**Die Jupitertabelle**

**1920*** Löwe, **1921** Jungfrau, **1922** Waage, **1923** Skorpion, **1924** Schütze, **1925** Steinbock, **1926** Wassermann, **1927** Fische, **1928** 20.1.–23.1. Fische, 24.1.–20.2. Widder, **1929** Stier, **1930** Zwillinge, **1931** Krebs, **1932** Löwe, **1933** Jungfrau, **1934** Waage, **1935** Skorpion, **1936** Schütze, **1937** Steinbock, **1938** Wassermann, **1939** Fische, **1940** Widder, **1941** Stier, **1942** Zwillinge, **1943** Krebs, **1944** Löwe, **1945** Jungfrau, **1946** Waage, **1947** Skorpion, **1948** Schütze, **1949** Steinbock, **1950** Wassermann, **1951** Fische, **1952** Widder, **1953** Stier, **1954** Zwillinge, **1955** Krebs, **1956** Löwe, **1957** 20.1–19.2. Waage, 20.2. Jungfrau, **1958** Skorpion, **1959** 20.1–9.2. Skorpion, 10.2.–20.2. Schütze, **1960** Schütze, **1961** Steinbock, **1962** Wassermann, **1963** Fische, **1964** Widder, **1965** Stier, **1966** Zwillinge, **1967** Krebs, **1968** Jungfrau, **1969** Waage, **1970** Skorpion, **1971** Schütze, **1972** 20.1.–6.2. Schütze, 7.2.–20.2. Steinbock, **1973** Steinbock, **1974** Wassermann, **1975** Fische, **1976** Widder, **1977** Stier, **1978** Zwillinge, **1979** Löwe, **1980** Jungfrau, **1981** Waage, **1982** Skorpion, **1983** Schütze, **1984** Schütze, **1985** 20.1.–6.2. Steinbock, 7.2.–20.2. Wassermann, **1986** Wassermann, **1987** Fische, **1988** Widder, **1989** Stier, **1990** Krebs, **1991** Löwe, **1992** Jungfrau, **1993** Waage, **1994** Skorpion, **1995** Schütze, **1996** Steinbock, **1997** 20.1.–21.1. Steinbock, 22.1.–20.2. Wassermann, **1998** Fische, **1999** 20.1.–12.2. Fische, 13.2.–20.2. Widder, **2000** 20.1.–14.2. Widder, 15.2.–20.2. Stier, **2001** Zwillinge, **2002** Krebs, **2003** Löwe

* Siehe auch die Anmerkung zur Mondtabelle.

## *Jupiter im Widder* – DAS GLÜCK DES FEUERS

**Jupiterstärken** Selbstvertrauen, Optimismus
**Jupiterschwächen** Prahlerei

Ihr Glück ist für Sie die Möglichkeit, Ihren Willen und Ihre Impulse spontan und unmittelbar umsetzen zu können. Sie sind ein Abenteurer – in Wirklichkeit wie im Geiste. Sie möchten wie Kolumbus die Welt entdecken. Und wie Einstein, Hildegard von Bingen oder Galileo Galilei den Gipfel menschlicher Erkenntnis erreichen. Wenn Sie sich bewegen, geistig wie körperlich, sind Sie Ihrem Schöpfer am nächsten. Stillstand hingegen weckt Resignation; Sie fühlen sich fern und ausgestoßen vom großen Ganzen. Durch Ihre optimistische und positive Weltauffassung sind Sie dafür bestimmt, anderen voranzugehen oder ihnen den Weg zu weisen. Denn Sie tragen eine Fackel des Lichts und der Wahrheit.
So schlummert auch ein Heiler und Prophet in Ihnen, der im Laufe Ihres Lebens geweckt werden will. Bevor Sie allerdings selber ein Lichtbringer sein können, werden Sie Persönlichkeiten suchen, die Ihnen auf Ihrem eigenen Weg ein Vorbild sind. Mit der Gabe, andere zu führen, müssen Sie behutsam umgehen. Hüten Sie sich, andere zu blenden oder sich über deren Unwissen zu erheben. Sie dürfen Ihre Demut nie verlieren, und Sie dürfen nicht vergessen, daß Sie selbst auch – und sogar zuallererst – ein Suchender sind.

*Jupiter-Check*
*Wie habe ich Erfolg, inneres und äußeres Glück?* Durch Handeln, Reisen, Unternehmungen, Initiativen.
*Wie kann ich helfen und heilen?* Durch tatkräftiges Unterstützen, Körpertherapie, Yoga, Sport, Wärme. Andere motivieren, ihnen Mut zusprechen.

## *Jupiter im Stier* – DAS GLÜCK DER ERDE

**Jupiterstärken** Geduld, Großzügigkeit
**Jupiterschwächen** Bequemlichkeit

Ihr Glück liegt im ungestörten Genuß. Überfluß und Sicherheit bedeuten für Sie die Erfüllung Ihrer Wünsche. Natürlich würden Sie Ihr erstrebtes Glück, wenn es möglich wäre, herbeizaubern, aber Sie können auch warten. Wie ein Gärtner geduldig sät und die wachsenden Pflanzen hegt, damit sie zur vollen Größe gedeihen können, so überwachen Sie Ihr Hab und Gut, Ihre Anlagen und Talente und entwickeln sie zur vollen Reife.
Der Vergleich mit dem Gärtner ist auch in anderer Hinsicht passend. Denn Sie lieben die Natur. Eine Waldlichtung im Frühling erscheint Ihnen als Dom, und Sie sind Ihrem Schöpfer dort vielleicht näher als in einer Kirche. Die Natur zeigt Ihnen absolute Ordnung, Stimmigkeit und Erfüllung. Und Natur heilt. Sie heilt Sie, wenn Sie erschöpft oder krank sind. Sie brauchen sich nur unter einen Baum zu legen, und Sie fühlen sich sofort besser.
In der Natur finden Sie aber auch die Stoffe, um andere zu heilen. Nahrung, Heilkräuter, homöopathische Essenzen. Alles erhält durch Ihren Jupiter eine höhere Potenz, heilt und macht ganz. Sie sollten sich jedoch davor hüten, sich nicht im reinen Besitz zu verlieren: Ein Baum sammelt nicht die Erde, die ihn hält, er benützt sie, um in den Himmel zu wachsen.

*Jupiter-Check*

*Wie habe ich Erfolg, inneres und äußeres Glück?* Durch Geduld und Nähe zur Erde. Durch materiellen Wohlstand. Durch Liebe und Sinnlichkeit.
*Wie kann ich helfen und heilen?* Durch die Heilkräfte der Natur. Aber auch allein ihre Nähe beruhigt und heilt.

## *Jupiter in den Zwillingen –* DAS SELBSTVERSTÄNDLICHE GLÜCK

**Jupiterstärken** Begeisterungsfähigkeit
**Jupiterschwächen** Ruhelosigkeit

Ihr Glück finden Sie im Alltäglichen, auf einem Wochenmarkt, im Zug, bei einer Unterhaltung mit Freunden und Bekannten. Aber auch zu Menschen, die Sie noch nicht kennen, finden Sie rasch einen Bezug und große Nähe. Dieses »kleine Glück« bedeutet Ihnen wesentlich mehr als die Suche nach großer und absoluter Erfüllung.

Sie haben eine enorme sprachliche Begabung und werden in Ihrem Leben bestimmt mehrere Sprachen lernen. Sie können auch gut schreiben und sprechen.

Um sich wohl zu fühlen, brauchen Sie die Geselligkeit, den verbalen Austausch und die lebendige Kommunikation. Unter Menschen finden Sie zu sich und fühlen sich aufgehoben im Ganzen der Schöpfung. Allein hingegen verlieren Sie Ihre innere Sicherheit und den tiefen Glauben, daß alles sinnvoll und von höherem Willen getragen ist. Daher ist es auch Ihre Aufgabe, Menschen miteinander zu verbinden, damit sie sich nicht als Individuen erfahren, die wie Robinson Crusoe »allein auf einer Insel« leben. Der Mensch ist ein soziales Wesen. Er wächst in einer Familie auf, schafft sich später seine eigene Familie, seine Arbeitswelt, seine Freunde. Selbst wenn er die Erde verläßt, geht er nicht in die Einsamkeit, sondern dorthin, wo sich immer schon alle aufhalten. Sie sind auf der Welt, um Menschen aus ihrer Einsamkeit zu befreien, in die sie irrtümlicherweise geraten sind.

*Jupiter-Check*

*Wie habe ich Erfolg, inneres und äußeres Glück?* In den »kleinen«, alltäglichen Dingen, die um Sie herum sind. Und in der Begegnung mit anderen.

*Wie kann ich helfen und heilen?* Durch gute Worte, aufmunternden Zuspruch, durch Zuhören und Teilnahme. Durch Schaffen von Verbindungen.

## *Jupiter im Krebs* – DAS GLÜCK DES FÜHLENS

**Jupiterstärken** Suggestivwirkung, Phantasie
**Jupiterschwächen** Gefühlspathos, Mißbrauch

Glück finden Sie in Ihren eigenen und in den Gefühlen anderer. Auch Musik oder ein Gedicht weckt ein Ahnen, das Sie Ihrem Schöpfer näherbringt. Gott ist Ihrer Meinung nach ein Gefühl der Verschmelzung mit dem Strom, aus dem alles kommt, und dem Ozean, in den alles mündet.

Man könnte Sie auch einen »Seelentaucher« nennen, denn Ihre liebste Beschäftigung ist, in Ihre eigene oder die Seele anderer Menschen zu tauchen. Eine gesunde und heile Psyche ist für Sie unerläßlich, um zufrieden zu sein. Daher wenden sich auch andere Menschen an Sie, weil sie instinktiv spüren, daß Sie ihnen dabei helfen können, die eigene Seele zu heilen. So betrachtet sind Sie ein Lichtbringer, der anderen Frieden schenkt.

In der Familie sehen Sie den Anfang allen Glücks – aber auch den Anfang allen Elends. Sie werden daher nicht müde, die heile, sinnstiftende, ganzheitliche, befreiende Familie zu postulieren. In diesem Zusammenhang ist eines sehr wichtig: Sosehr Sie die Familie lieben, so fern liegt es Ihnen, nur Ihr eigenes Nest zu bewundern. Ganz im Gegenteil, fremde Sitten und Gewohnheiten sind Ihnen ebenso wichtig wie die eigenen. Am liebsten würden Sie in einer Gemeinschaft leben, die von Menschen der unterschiedlichsten Herkunft getragen wird.

Geborgenheit ist für Sie kein leeres Wort, sondern ein anderer Ausdruck für Erfüllung, Heimat, Göttlichkeit und Ewigkeit. Wie ein Seismograph erspüren Sie daher Unstimmigkeiten in Ihrer Umgebung, die Disharmonie verursachen und den Frieden stören können. Ihre großen heilerischen Fähigkeiten ermöglichen es, solche Dissonanzen zur Auflösung zu bringen. Hüten Sie sich aber davor, als Retter aufzutreten. Sie sind stark, wenn Sie gewisse Dinge einfach nur geschehen lassen.

*Jupiter-Check*

*Wie habe ich Erfolg, inneres und äußeres Glück?* Im Fühlen, in der Liebe, im Geben, in der Familie, in der Vergangenheit, bei den Ahnen.
*Wie kann ich helfen und heilen?* Durch aufdeckende Gespräche und Begleiten.

## *Jupiter im Löwen* – DAS GLÜCK DER FREUDE

**Jupiterstärken** Herzenswärme, Großmut
**Jupiterschwächen** Eitelkeit, Dünkel

Glück bedeutet für Sie, die Möglichkeit zu haben, spontan und großzügig schenken zu können. Äußere Werte sind Ihnen deshalb nicht unwichtig, denn nur wer hat, kann geben. Aber Sie sind absolut kein Materialist, im Gegenteil: Wenn Sie nach Macht und Einfluß streben, dann nicht in erster Linie um persönlicher Vorteile willen, sondern weil Sie überzeugt sind, mit Ihrem Eintreten für Ihre Werte einen wichtigen Beitrag für die Allgemeinheit leisten zu können. Geben und großzügig sein zu können sind für Sie wesentliche Eigenschaften. Aber dieses Geben bezieht sich auf ganz andere Dinge als auf Geld und schöne Geschenke: In Ihnen lebt auch die Göttin der Muse, die nur geweckt werden möchte, um andere zu erfreuen, zu unterhalten, zu erheben. Als Künstler, Maler, Musiker, Bildhauer, Poet – darin steckt Ihre größte Erfüllung. Sie müssen jedoch nicht bühnenreif singen oder druckreif schreiben können, um Ihrer Bestimmung als »göttlicher Unterhalter« gerecht zu werden. Wo immer Sie unter Menschen sind, verbreiten Sie Ihren Optimismus. So liegt denn Ihre Bestimmung auch darin, anderen die Freude am Leben zu zeigen.
Wovor Sie sich hüten müssen, ist Ihr Stolz. Sie können nur schwer Kritik ertragen. Und wenn sich andere von Ihnen abwenden, erleben Sie das immer als persönlichen Affront. Bleiben Sie heiter! Tragen Sie das Feuer der Freude unter die Menschen! Aber achten Sie darauf, daß Sie niemanden damit verbrennen!

*Jupiter-Check*

*Wie habe ich Erfolg, inneres und äußeres Glück?* Durch lebendige Teilnahme am Leben. Durch Großzügigkeit. Durch die Kraft der Heiterkeit.
*Wie kann ich helfen und heilen?* Zeigen Sie anderen das Leben, wie Sie es wahrnehmen, als nährenden Urgrund, als göttlichen Spielplatz.

**Jupiterstärken** Engagement, Bescheidenheit
**Jupiterschwächen** Zersplitterung

Glück ist für Sie die einfachste Sache der Welt, es liegt vor der Tür, es muß nur gefunden und aufgehoben werden. Sie sind daher auch kein Freund großangelegter und sich ewig hinziehender Expeditionen auf der Suche nach dem Glück. Entweder es ist hier – oder nirgends. Manchmal finden Sie das Glück in der Arbeit. Es stimmt Sie völlig zufrieden, wenn Dinge passen oder richtig ineinandergefügt sind und am Schluß eine Maschine läuft oder ein bestimmtes Programm Ergebnisse liefert. Manchmal finden Sie Ihr Glück in der Ordnung: Insbesondere die Natur ist Ihnen darin ein genialer Lehrmeister. Die Folge der Jahreszeiten, das Ineinandergreifen von Phasen des Wachstums und der Stagnation – das alles ist für Sie ein Ausdruck göttlicher Ordnung, die sich in Geschehnissen am Himmel tagtäglich und jahraus, jahrein wiederholt. Auf besondere Weise faszinieren Sie aber die Vorgänge im menschlichen Körper. Dieses tagtägliche Wunder von Nahrungsaufnahme und Verwandlung in Leben, das Ineinandergreifen von Atmung und dem Schlagen des Herzens, das alles ist für Sie ein sinnhafter Beweis göttlichen Wirkens.
Ihr Wissen über die Natürlichkeit und Göttlichkeit des menschlichen Seins befähigt Sie daher zum Heiler. Dafür müssen Sie nicht gleich Arzt, Heilpraktiker oder Psychotherapeut sein. Allein durch Ihre Nähe und Ihr Bewußtsein bewirken Sie bei anderen kleine Quantensprünge. Je weiter Sie selbst sind, um so eher können Sie anderen ein Vorbild sein. Wovor Sie sich hüten müssen, ist, Ihr wertvolles Wissen zu mißbrauchen. Wirken Sie durch Ihr gutes Beispiel und nicht durch Druck und Besserwisserei!

*Jupiter-Check*
*Wie habe ich Erfolg, inneres und äußeres Glück?* Im alltäglichen Tun. In der Arbeit. Im Gefühl der Ordnung.
*Wie kann ich helfen und heilen?* Durch bewußte Ernährung. Durch Studium von Körper und Geist. Durch Lernen von der Natur.

*Jupiter sorgt dafür, daß uns ein Licht aufgeht*

## *Jupiter in der Waage* – DAS GLÜCK DER LIEBE

**Jupiterstärken** Toleranz, Lebenskünstler
**Jupiterschwächen** Eitelkeit, Genußsucht

Glück finden Sie in der Kraft der Liebe. Sie müssen nicht einmal selbst daran unmittelbar beteiligt sein. Auch wenn andere Menschen die Liebe finden, fühlen Sie sich angenommen, zu Hause, eins mit der Schöpfung. Noch göttlicher ist es natürlich, wenn die Liebe Sie selbst betrifft … Auf einer Wolke schweben Sie, im Paradies sind Sie, im Himmel …
Liebe ist Ihrer Meinung nach Ursprung und Ziel allen Seins. Gott ist die Liebe, und das Leben entspringt aus ihr. Der Liebe geben Sie alles. Umgekehrt beschenkt Sie die Liebe auch. Sie erhalten die Fähigkeit, andere tief zu berühren, sie zu trösten, zu erfreuen und aufzubauen. Ihre Liebe ermöglicht es Ihnen, unterschiedliche Tendenzen und Wünsche aufzunehmen und in Einklang zu bringen. Sie finden immer wieder tragfähige Kompromisse, bei denen niemand der Verlierer ist. Ihr sicheres Geschick prädestiniert Sie für viele Tätigkeiten und Berufe, bei denen es auf Vermittlerqualitäten ankommt, zum Beispiel in der Politik, wenn es darum geht, Menschen mit den unterschiedlichsten Meinungen an einen Tisch zu bringen.
Auch der Kunst gehört Ihr Herz. Allerdings zählt für Sie nur das zur Kunst, was von Liebe getragen ist und Harmonie und Stimmigkeit ausdrückt. Im Grunde genommen schlummert in Ihnen selbst ein Künstler, der darauf wartet, seine Fähigkeiten zum Fließen bringen zu können.
Wovor Sie sich hüten müssen, ist, sich von Liebe und Harmonie einlullen zu lassen. Alles im Leben hat zwei Seiten. Zur Liebe gehört Auseinandersetzung und zur Harmonie Spannung. Nur wenn Sie das Gleichgewicht zwischen Harmonie und Spannung finden, ergibt sich vollendete Liebe.

*Jupiter-Check*
*Wie habe ich Erfolg, inneres und äußeres Glück?* Indem Sie verzeihen, lieben, empfangen und geben.
*Wie kann ich helfen und heilen?* Allein Ihre Nähe heilt.
Ihre Berührungen sind Labsal für Körper, Seele und Geist.

## *Jupiter im Skorpion* – DAS GLÜCK DER TIEFE

**Jupiterstärken** Tiefgründigkeit, Spiritualität
**Jupiterschwächen** Exaltiertheit, Despotentum

Glück findet sich Ihrer Meinung nach auf dem Grund aller Dinge, nicht an der Oberfläche. Dieses Wissen haben Sie mit in die Welt gebracht. Es ist die Wahrheit, die Ihnen Ihr Jupiter verkündet und die Sie Ihrerseits weiterverbreiten. Sie kennen die Höhen und Tiefen menschlicher Existenz, und Sie lassen sich nicht blenden vom sogenannten schönen Schein.

Was die Welt wirklich zusammenhält, ist der ewige Kreislauf von Zeugung, Geburt, Leben und Tod. Alles war schon immer – und alles wird immer sein ... Daher nehmen Sie sich in besonderer Weise solcher Dinge an, die ausgegrenzt wurden aus diesem ewigen Kreislauf, aber unbedingt mit dazugehören. Zum Beispiel ist für Sie der Schatten ein notwendiger Teil des Lichts. Sie fühlen sich deshalb veranlaßt, sich für Schwächere einzusetzen oder aus der Gesellschaft Ausgeschlossene zu unterstützen. Sie wissen instinktiv, daß es dem Leben schadet, wenn nicht alle seine Seiten integriert werden. In Ihnen lodert das heilende Feuer Jupiters besonders stark und leidenschaftlich. Wie Pollux einst seinem toten Bruder Kastor in die Unterwelt folgte, um bei ihm zu sein, sind Sie bereit, die größten Unannehmlichkeiten auf sich zu nehmen, damit das Leben keinen Teil verliert. Sie sind daher der geborene Retter und Heiler, unabhängig davon, ob Sie diese Gaben in einem Beruf ausüben oder sie als selbstverständlichen Beitrag in Ihren Alltag einbringen.

Wovor Sie sich allerdings hüten sollen, ist, sich über das Schicksal zu stellen oder zu versuchen, ein unangenehmes, aber wichtiges Ereignis »ungeschehen« zu machen.

*Jupiter-Check*

*Wie habe ich Erfolg, inneres und äußeres Glück?* Durch Hinterfragen, In-die-Tiefe-Gehen, Abwarten und einfach Sein.

*Wie kann ich helfen und heilen?* Indem Sie sich derer annehmen, die von anderen Menschen ausgegrenzt werden.

## *Jupiter im Schützen* – DAS GLÜCK DER HOFFNUNG

**Jupiterstärken** Idealismus, Expansion
**Jupiterschwächen** Schwärmerei, Naivität

Glück ist für Sie, unterwegs zu sein, auf Rädern, im Flugzeug, im Zug, auf dem Schiff. In Ihnen lebt die Geschichte aller fahrenden Völker, der Nomaden und Zigeuner, der Boten, herumziehenden Bader, Gaukler, Barden und Geschichtenerzähler. Letztlich ist es die große Suche, die Sie leitet und führt, die Suche nach dem ewigen Gral, nach Erleuchtung, nach der blauen Blume, nach der Quintessenz der Alchimie. Glaube ist für Sie Sehnsucht, Gott findet sich immer anderswo, auf dem Weg zu sein ist für Sie das Ziel.
So verbreiten Sie die Wahrheit des Vielen und nicht die des Einen. Deswegen sind Sie so tröstlich für diese Welt: Denn Sie kennen immer noch einen Weg, sehen stets eine weitere Möglichkeit. Nichts ist für Sie aussichtslos, viele Wege führen nach Rom, und kein Problem ist so groß, daß es nicht doch eine Lösung dafür gäbe.
Das Feuer, das Ihnen Jupiter in die Hände gibt, heißt »Hoffnung«, und wo immer Sie sind, keimt dieses Gut wie Samen in der Erde. Gegen Hoffnungslosigkeit, Borniertheit und Menschen, die anderen keine Chancen lassen, ziehen Sie regelrecht ins Feld. Auf Ihrem Banner stehen Gerechtigkeit und Menschenwürde, das sind Ihre fundamentalen Anliegen, für die Sie sich vehement einsetzen.
Wovor Sie sich hüten müssen, ist, das Kind mit dem Bade auszuschütten. In Ihrem heilsamen Krieg gegen die Blindheit der Menschen laufen Sie Gefahr, selbst blind und einseitig zu werden.

*Jupiter-Check*
*Wie habe ich Erfolg, inneres und äußeres Glück?* Durch die immerwährende Suche nach Sinn und Göttlichkeit.
*Wie kann ich helfen und heilen?* Durch Ihre hoffnungsvolle Art, Ihren Trost, Ihren Humor, Ihren Witz ...

## *Jupiter im Steinbock* – DAS GLÜCK DES WISSENS

**Jupiterstärken** Führungsqualität, Ausdauer
**Jupiterschwächen** Lehrmeisterei

Glück ist für Sie, Ihre Arbeit getan zu haben und Ruhe und Sammlung dankbar zu genießen, ähnlich der Erde, die nach einer Phase der Dürre Regen dankbar aufnimmt. Glück ist für Sie aber auch, sich einer Sache vollständig zu verschreiben, ihr zu gehören, bis sie vollbracht ist. Darin gleichen Sie einem Bergsteiger, der nicht eher ruht, bis er auf dem Gipfel steht – und dort nach dem nächsten Ausschau hält. Sie sind daher ein Mensch, der sich selbst immer wieder antreiben und motivieren kann – nach höheren, größeren Zielen strebt.
Genauso können Sie anderen Vorbild und eine große Hilfe sein, zum Beispiel verzagten und ängstlichen Menschen. Sie sind auch eine Führungspersönlichkeit. Nicht eine, die durch große Reden andere zu beeindrucken sucht. Sie werden auch niemals andere voranschicken und selbst im Hintergrund warten. Sondern Sie gehen ihnen voraus. Um das zu leisten, was Sie sich vornehmen, brauchen Sie Kraft, Ausdauer, Zähigkeit. Daher trainieren Sie diese Eigenschaften, um sie zu verbessern.
Sie sind hart zu sich selbst, weil Sie wissen, daß Sie sich nicht schonen dürfen, wenn Sie Ihre Ziele erreichen wollen. Die gleiche Einstellung erwarten Sie allerdings auch von anderen, was manchmal dazu führt, daß diese Sie fürchten und Ihnen aus dem Weg gehen. Daher ist es für Sie wichtig zu erkennen, daß nicht alle Menschen aus dem gleichen (harten) Holz geschnitzt sind. Entwickeln Sie Geduld, Nachsicht und Toleranz für Ihre Mitmenschen, und Sie werden eines Tages den höchsten Berg bezwingen – den Berg der Weisheit.

*Jupiter-Check*
*Wie habe ich Erfolg, inneres und äußeres Glück?* Durch Arbeit und Übernahme von Verpflichtungen. Durch Demut. Durch Anstrengung und Leistung.
*Wie kann ich helfen und heilen?* Durch vorbildliches Verhalten. Durch richtige Führung.

## *Jupiter im Wassermann* – DAS GLÜCK DES FORTSCHRITTS

**Jupiterstärken** Humanismus, Toleranz
**Jupiterschwächen** Autoritätskonflikte

Glück ist für Sie das Gefühl, vorwärtszuschreiten, nicht stehenzubleiben, sondern Ihren Idealen von einer besseren, gerechteren, liebevolleren Welt näherzukommen. Sie sind ein Utopist, beseelt von der Vorstellung einer Welt von morgen, in der Armut, Krankheit und anderes Leid überwunden sein werden. Und Sie unterstellen sich selbst dem Fortschritt, arbeiten für ihn, kämpfen für ihn.

Es geht Ihnen jedoch nicht allein um Ihre eigene Zukunft. Sie sind auch ein Menschenfreund, der immer an das Gute glaubt. Sie verfügen über ein großes soziales Verantwortungsbewußtsein. Und Sie suchen immer wieder nach neuen Aufgaben, bei denen Sie Schwächeren und Benachteiligten helfen können. Dabei unterstützen Sie die Eigenverantwortung und Autonomie jedes Menschen. Denn Sie wollen kein Helfer oder Missionar sein, der anderen in ihrer Not zwar hilft, sie aber in ihrer Unmündigkeit beläßt.

Ungleichheit zwischen den Menschen hassen Sie mehr als alles andere. Es fällt Ihnen daher auch schwer, unter einer straffen Hierarchie zu arbeiten und zu leben. Sie dulden keinen über, aber auch niemanden unter sich.

Das Feuer, das Ihnen Jupiter überreicht, ist die Kraft und Ihr Glaube an eine positive Zukunft. Das macht Sie für diese Welt besonders wichtig. Denn Ihrem Willen, Ihren Visionen ist es zu verdanken, daß wir uns immer weiterentwickeln und nicht stehenbleiben.

Von emotional geäußerter Kritik oder Ablehnung lassen Sie sich nicht irritieren, sondern arbeiten beharrlich an der Erreichung eines einmal gesetzten Zieles weiter.

Wovor Sie sich in acht nehmen müssen, ist, daß Sie das Alte nicht völlig verwerfen. Sie berauben sich sonst Ihrer eigenen Wurzeln. Dann ist aber auch der Fortschritt eine Illusion.

*Jupiter-Check*

*Wie habe ich Erfolg, inneres und äußeres Glück?* Durch Arbeit an einer besseren Zukunft.

*Wie kann ich helfen und heilen?* Durch Vermitteln von neuen Perspektiven. Durch solidarische Unterstützung. Durch Veränderung.

## *Jupiter in den Fischen* – DAS GLÜCK DES SEINS

**Jupiterstärken** Liebe, Mitgefühl, Intuition
**Jupiterschwächen** »Helfersyndrom«

Glück bedeutet für Sie, eins zu sein mit der Schöpfung, so wie ein Tropfen, der ins Meer fällt, im Meer eins wird mit dem Ganzen. Ihr Leben richtet sich vollkommen nach dem Ideal der Selbstlosigkeit und dem Zurückstellen eigener Bedürfnisse hinter das Wohlergehen des größeren Ganzen.

Ihr Engagement für eine bessere, humanere, liebevollere Welt macht auch vor eigenen Konsequenzen nicht halt, und es kann sein, daß Sie, weil Sie beispielsweise Tiere als beseelt betrachten, kein Fleisch mehr essen. In besonderer Weise gilt Ihr Schutz all jenen, die selbst nicht in der Lage sind, sich zu schützen: Kindern, Kranken oder auch Tieren. Soziales Engagement ist für Sie kein Schlagwort, sondern ein selbstverständlicher Teil des Lebens.

Ihr Jupiter macht Sie sensibel für Ungerechtigkeit und Lieblosigkeit; und er schenkt Ihnen die Kraft und Fähigkeit, entsprechende Mißstände zu mildern. Sei es, daß Sie ein Arzt oder ein Krankenpfleger werden oder einer Umweltorganisation beitreten. Jupiter verleiht Ihnen eine besondere Magie, die Leid und Traurigkeit auflöst. Sie tun aber auch gut daran, diese besondere Fähigkeit weiterzuentwickeln, indem Sie Heilpraktiker werden oder sich mit Dingen beschäftigen, die Ihre Neigungen fördern.

Da Sie Ihre Aufmerksamkeit oft auf ferne Ideale legen, welche für Sie auch mit tiefempfundenen Gefühlen verbunden sind, macht Ihnen die Bewältigung des Naheliegenden und der Umgang mit der unmittelbaren, konkreten Wirklichkeit mitunter etwas Mühe. Des weiteren ist es wichtig, daß Sie sich als Helfer nicht mißbrauchen lassen. Sie sollten daran arbeiten, sich deutlicher abgrenzen zu können.

*Jupiter-Check*

*Wie habe ich Erfolg, inneres und äußeres Glück?* Durch Hingabe an das, was ist. Durch Liebe des Ganzen.

*Wie kann ich helfen und heilen?* Sie besitzen große heilerische Fähigkeiten, die Sie nur zum Fließen bringen müssen.

## *Das Saturnhoroskop –* ZUM LEUCHTENDEN DIAMANTEN WERDEN

In der Astrologie gilt Saturn weithin als Übeltäter, als Verkörperung des Schlechten und Bösen. Er scheint es darauf abgesehen zu haben, uns das Leben so schwer wie irgend möglich zu machen. Wie der Drache im Märchen verkörpert er Gefahr, Schrecken, ja, zuweilen sogar den Tod. Daher finden sich alte Abbildungen, auf denen Saturn als Skelett mit Sense zu sehen ist, das alles erbarmungslos niedermäht. Saturn kennt kein Mitleid, keine Gnade. Er wirft den Menschen ihr Schicksal vor die Füße – und es bleibt nichts anderes, als es zu nehmen und zu tragen.

Aber es existiert doch auch eine andere, eine positive Seite. Wenn Saturn einen plagt, schikaniert, an den Abgrund heranführt, dann hilft er ebenso, sich gegen die Unbilden des Schicksals zu wappnen. Saturn bietet daher die Chance, stark zu werden. Er »schmiedet« den Menschen, macht ihn hart, widerstandsfähig, ausdauernd. Wer immer etwas Großes erreicht in seinem Leben, der schafft es mit Hilfe Saturns und seiner (oft) grausamen Wechselbäder. Dort, wo in unserem Horoskop der Planet Saturn steht, müssen wir also lernen, in die Schule gehen, dort werden wir gestreckt und zusammengeschoben, kritisiert und tyrannisiert, trainiert und behindert – bis wir Perfektion erlangen. Perfektion, Vollkommenheit, Reinheit – vom Rohling zum Diamanten: So läßt sich das Wirken Saturns zusammenfassen.

Und dennoch geht es dabei keineswegs ausschließlich um Härte, Ausdauer, Übung, Verzicht und unermüdliches Arbeiten an sich selbst. Der Weg zur Vollkommenheit führt unmittelbar am Fluß der Gnade entlang. Die Arbeit mit und durch Saturn besteht nicht nur aus Ehrgeiz und läuft auch nicht allein nach dem Motto »Gelobt sei, was hart macht!« Vielmehr schließt der Weg zur Vollendung ebenso Demut mit ein. Saturn ist kein kalter, gemeiner, fordernder Feind, dem gegenüber es sich nur zu wappnen und zu rüsten gilt. Er verlangt – nein, er verdient – auch Ehrfurcht und Liebe.

## DIE ERMITTLUNG DES SATURNZEICHENS

Suchen Sie in der folgenden Saturntabelle Ihren Geburtstag, und entnehmen Sie Ihr Saturnzeichen, das Sie auf den entsprechenden Text im Anschluß verweist. (Siehe auch die Vorbemerkung am Beginn von Teil II dieses Buches.)

**Die Saturntabelle**

**1920*** Jungfrau, **1921** 1.1.–8.10. Jungfrau, 9.10.–31.12. Waage, **1922** Waage, **1923** 1.1.–20.12. Waage, 21.12.–31.12. Skorpion, **1924** 1.1.–6.4. Skorpion, 7.4.–14.9. Waage, 15.9.–31.12. Skorpion, **1925** Skorpion, **1926** 1.1.–2.12. Skorpion, 3.12.–31.12. Schütze, **1927–1928** Schütze, **1929** 1.1.–15.3. Schütze, 16.3.–5.5. Steinbock, 6.5.–30.11. Schütze, 1.12.–31.12. Steinbock, **1930–1931** Steinbock, **1932** 1.1.–23.2. Steinbock, 24.2.–13.8. Wassermann, 14.8.–19.11. Steinbock, 20.11.–31.12. Wassermann, **1933–1934** Wassermann, **1935** 1.1.–14.2. Wassermann, 15.2.–31.12. Fische, **1936** Fische, **1937** 1.1.–24.4. Fische, 25.4.–18.10. Widder, 19.10.–31.12. Fische, **1938** 1.1.–13.1. Fische, 14.1.–31.12. Widder, **1939** 1.1.–5.7. Widder, 6.7.–23.9. Stier, 24.9.–31.12. Widder, **1940** 1.1.–19.3. Widder, 20.3.–31.12. Stier, **1941** Stier, **1942** 1.1.–9.5. Stier, 10.5.–31.12. Zwillinge, **1943** Zwillinge, **1944** 1.1.–19.6. Zwillinge, 20.6.–31.12. Krebs, **1945** Krebs, **1946** 1.1.–2.8. Krebs, 3.8.–31.12. Löwe, **1947** Löwe, **1948** 1.1.–18.9. Löwe, 19.9.–31.12. Jungfrau, **1949** 1.1.–3.4. Jungfrau, 4.4.–29.5. Löwe, 30.5.–31.12. Jungfrau, **1950** 1.1.–20.11. Jungfrau, 21.11.–31.12. Waage, **1951** 1.1.–7.3. Waage, 8.3.–13.8. Jungfrau, 14.8.–31.12. Waage, **1952** Waage, **1953** 1.1.–22.10. Waage, 23.10.–31.12. Skorpion, **1954–1955** Skorpion, **1956** 1.1.–12.1. Skorpion, 13.1.–14.5. Schütze, 15.5.–9.10. Skorpion, 10.10.–31.12. Schütze, **1957–1958** Schütze, **1959** 1.1.–5.1. Schütze, 6.1.–31.12. Steinbock, **1960–1961** Steinbock, **1962** 1.1.–3.1. Steinbock, 4.1.–31.12. Wassermann, **1963** Wassermann, **1964** 1.1.–23.3. Wassermann, 24.3.–17.9. Fische,

* Siehe auch die Anmerkung zur Mondtabelle.

18.9.–15.12. Wassermann, 16.12.–31.12. Fische, **1965–1966** Fische, **1967** 1.1.–3.3. Fische, 4.3.–31.12. Widder, **1968** Widder, **1969** 1.1.–29.4. Widder, 30.4.–31.12. Stier, **1970** Stier, **1971** 1.1.–18.6. Stier, 19.6.–31.12. Zwillinge, **1972** 1.1.–10.1. Zwillinge, 11.1.–21.2. Stier, 22.2.–31.12. Zwillinge, **1973** 1.1.–1.8. Zwillinge, 2.8.–31.12. Krebs, **1974** 1.1.–7.1. Krebs, 8.1.–18.4. Zwillinge, 19.4.–31.12. Krebs, **1975** 1.1.–16.9. Krebs, 17.9.–31.12. Löwe, **1976** 1.1.–14.1. Löwe , 15.1.–4.6. Krebs, 5.6.–31.12. Löwe, **1977** 1.1.–16.11. Löwe, 17.11.–31.12. Jungfrau, **1978** 1.1.–5.1. Jungfrau, 6.1.–25.7. Löwe, 26.7.–31.12. Jungfrau, **1979** Jungfrau, **1980** 1.1.–20.9. Jungfrau, 21.9.–31.12. Waage, **1981** Waage, **1982** 1.1.–28.11. Waage, 29.11.–31.12. Skorpion, **1983** 1.1.–6.5. Skorpion, 7.5.–24.8. Waage, 25.8.–31.12. Skorpion, **1984** Skorpion, **1985** 1.1.-16.11. Skorpion, 17.11.–31.12. Schütze, **1986–1987** Schütze, **1988** 1.1.–14.2. Schütze, 15.2.–31.12. Steinbock, **1989–1990** Steinbock, **1991** 1.1.–6.2. Steinbock, 7.2.–31.12. Wassermann, **1992–1993** Wassermann, **1994** 1.1.–28.1. Wassermann, 29.1.–31.12. Fische, **1995** Fische, **1996** 1.1.–6.4. Fische, 7.4.–31.12. Widder, **1997** Widder, **1998** 1.1.–8.6. Widder, 9.6.–24.10. Stier, 25.10.–31.12. Widder, **1999** 1.1.–28.2. Widder, 1.3.-31.12. Stier, **2000** 1.1.–9.8. Stier, 10.8.–15.10. Zwillinge, 16.10.–31.12. Stier, **2001** 1.1.–20.4. Stier, 21.4.–31.12. Zwillinge, **2002** Zwillinge, **2003** 1.1.–3.6. Zwillinge, 4.6.–31.12. Krebs

## *Saturn im Widder* – ÜBER DIE KRAFT HERRSCHEN

| | |
|---|---|
| **Saturnstärken** | Ehrgeizig, machtvoll, führungsbegabt, durchsetzungsstark, edel |
| **Saturnschwächen** | Rechthaberisch, sarkastisch, bösartig, bissig, gemein |

In Ihrem Leben geht es darum, Ihre Wildheit zu bändigen, Ihre Emotionen zu zügeln und Ihren persönlichen Willen einem höheren Ziel, einer Idee mit allgemeinem Wert unterzuordnen. Beschreiben ließe sich Saturn als »Pferdeflüsterer« und das Widderzeichen als wildes Pferd, aus dem ein edles Wesen werden soll, das seinem Reiter seine feurige Energie voll und gern zur Verfügung stellt.
Es besteht allerdings auch die Variante, die Wildheit zu brechen und sie zu unterdrücken. Das machen viele Menschen mit Saturn im Widder. Sie verdrängen und vergessen ihre Wildheit und sind schließlich im Besitz eines, um es salopp auszudrücken, alten Kleppers. Die andere Möglichkeit bedarf großer Geduld und harter Arbeit an sich selbst. Man muß die Auseinandersetzung mit dem Leben als Läuterungsprozeß begreifen und Kritik nicht als Verhinderung oder Bösartigkeit des Schicksals, sondern als einen Wink Saturns nehmen. Und es ist notwendig, Emotionen, Wünsche und Sehnsüchte zu hinterfragen und dem Prozeß der Läuterung unterzuordnen.

*Saturn-Check*

*Wo muß ich mich Saturn beugen?* Ich muß mein Feuer zähmen und Geduld lernen.
*Auf welchen Wegen führt mich Saturn zum Erfolg?* Durch Verhinderung, Kritik und Strafe – damit ich vollkommen werde.

## *Saturn im Stier* – ÜBER DIE LUST HERRSCHEN

**Saturnstärken** Beharrlichkeit, Festigkeit, Standhaftigkeit, Sparsamkeit
**Saturnschwächen** Geiz, Gefühllosigkeit, Sturheit, Gier, Neid, Existenzangst

Menschen mit Saturn im Stier nehmen sich vom Leben mehr, als ihnen zusteht, und leiden dann unter den Folgen. Man ißt und trinkt mehr, als man verdauen kann – und nimmt zu, setzt Fett an, bekommt Bewegungsprobleme und wird unter Umständen krank. Des Mammons wegen arbeitet man mehr und härter, als einem guttut – und wird nervös, gestreßt und ist zum Schluß arbeitsunfähig. Man legt sein Geld in Geschäften an, die man nicht übersieht – und zu guter Letzt ergeht es einem wie Hans im Glück: Man besitzt gar nichts mehr. Man lebt also über seine Verhältnisse, und das von Kindesbeinen an. Dramatische Auseinandersetzungen mit Eltern und anderen Erwachsenen sind die Folge, wobei zunächst immer die anderen die »bösen, versagenden und mißgünstigen« Menschen sind. Aber es ist Saturn, der einem das Leben schwermacht. Er verlangt Verzicht, und das gerade dort, wo das Leben am meisten Spaß macht. Das ist ein harter, mühsamer, frustrierender Weg. Auf der anderen Seite entwickelt man auf diese Weise eine besonders feine Sinnlichkeit, wird zum Genießer der kleinen Dinge und der wirklichen Köstlichkeiten des Lebens. Auf dem Weg dorthin hält einem Saturn jedoch jede »Verfehlung« vor: Wer uneingeschränkt seiner Lust folgt, bekommt dafür früher oder später die Rechnung.

*Saturn-Check*

*Wo muß ich mich Saturn beugen?* Ich darf meiner Lust und meinen Wünschen nicht nachgeben. Auch gegenüber sämtlichen materiellen Werten – Geld und Reichtum – bedarf es Aufmerksamkeit.
*Auf welchen Wegen führt mich Saturn zum Erfolg?* Durch Leid, Schmerzen, Versagung und Verhinderung, unter Umständen auch durch Krankheit.

## *Saturn in den Zwillingen –* ÜBER DIE LEICHTFERTIGKEIT HERRSCHEN

**Saturnstärken** Klarheit, Überblick, das Wesentliche erkennen, literarisches Geschick, geistige Wendigkeit
**Saturnschwächen** Die Wahrheit verdrehen, Unsicherheit, Besserwisserei, Charakterschwäche

Ihre Aufgabe ist es, sich im Leben nicht zu verzetteln, die Wahrheit zu finden und nicht ihren Schein, Wissen zu erwerben, das wirklich nützlich ist. Sie gehen Ihr Lebtag lang in eine Schule, in der Sie lernen, immer besser zu werden, immer mehr Kenntnisse zu erwerben. Aber dieses »Besser« und dieses »Mehr« sind nicht einfach quantitativ gemeint. Es geht um einen großen Reifungsprozeß.
Was ist der Grund, Sie dermaßen streng zu disziplinieren? – In Ihrer Persönlichkeit findet sich ein unglaublich leichtfertiger Anteil. Aus der Sicht des (Über-)Lebens heraus braucht es daher eine andere, eben die saturnische Kraft, damit Sie sich nicht aus dieser Leichtfertigkeit heraus selbst schaden. In Ihrer Tiefenpsyche herrscht also ein berechtigter Zweifel an Ihren Kontrollfunktionen. Das ist der Grund für die Strenge Saturns. Wenn Sie mit Ihrem Saturn in den Zwillingen behutsam und richtig umgehen, dann »schleifen« Sie sich selbst, werden nicht überheblich, sondern orientieren sich an anderen und suchen sich Lehrer und Meister, die Ihnen helfen, vollkommener zu werden.
Worauf Sie noch achten müssen: Mit dieser Saturnstellung neigt man zu einsamen Entschlüssen. Sozusagen als Gegenreaktion auf die Leichtfertigkeit wird man zum Dogmatiker und Besserwisser, zu einem, der alles mit dem Kopf checkt. Eine solche Haltung entspricht nicht dem Wunsch Saturns.

*Saturn-Check*
*Wo muß ich mich Saturn beugen?* Ich muß lernen, Kritik konstruktiv zu nehmen. Ich muß über sämtliche Konsequenzen meines Verhaltens Bescheid wissen.
*Auf welchen Wegen führt mich Saturn zum Erfolg?* Durch Verhinderung, Mißerfolg und Demütigung.

## *Saturn im Krebs* – ÜBER DIE GEFÜHLE HERRSCHEN

| | |
|---|---|
| **Saturnstärken** | Selbstbeherrschung, seine Gefühle im Griff haben, zum Kern vordringen, Distanz, Wahrhaftigkeit, Zuverlässigkeit |
| **Saturnschwächen** | Gefühlskälte, Rückzug, Mißtrauen, Pessimismus |

Ihr Saturn hat Sie auf eine besondere Lebensreise geschickt: Aus einem Wesen, das seinen Gefühlen und Instinkten folgt, soll ein Mensch werden, der sein Leben nach Einsicht, Wahrheit und höherem Wissen steuert. Der Weg ist überaus schwierig und schmerzlich. Saturn hat Ihnen nämlich Angst vor dem Glück und sogar vor der Liebe eingepflanzt. Als wäre es für Sie verboten, Zufriedenheit zu kosten. Als müßten Sie immer wieder die Erfahrung machen, daß das Leben bitter ist.

Woher kommen diese Ängste? – Ihre Psyche ist geprägt von traumatischen Erfahrungen. Es kann sein, daß diese Erfahrungen aus früheren Leben stammen. Es ist aber genauso möglich, daß Sie mit bestimmten existentiellen Erfahrungen Ihrer Ahnen verbunden sind. Jedenfalls lebt in Ihnen die Angst fort, Ihre Gefühle könnten mißbraucht werden, so wie es schon einmal geschehen ist. Deswegen mißtraut Saturn grundsätzlich allen Gefühlen. Es ist reiner Schutz. Sie sollen über die Gefühle hinauswachsen, unabhängig und frei von ihnen werden. Aber Sie dürfen Saturn auch nicht zum Alleinherrscher über Ihr Leben erheben und grundsätzlich vor Gefühlen davonlaufen. Sie sollen klüger, erfahrener ins Leben treten, damit Ihnen nichts Schlechtes widerfährt. Ziel Ihres Lebens ist, Ihre Vergangenheit zu überwinden, nicht vor ihr zu kapitulieren. Stellen Sie sich Ihren Gefühlen! Sie sind kein Kind mehr, das man verletzen kann. Sie sind eine erwachsene, starke Person!

*Saturn-Check*

*Wo muß ich mich Saturn beugen?* Ich muß lernen, über meine Gefühle hinauszuwachsen.

*Auf welchen Wegen führt mich Saturn zum Erfolg?* Durch Angst, Schmerzen, Versagung und Leid.

## *Saturn im Löwen* – ÜBER DAS EGO HERRSCHEN

**Saturnstärken** Selbstbeherrscht, erhaben, edel, vollendet sein
**Saturnschwächen** Arrogant, selbstherrlich sein

Mit Saturn im Löwen ist man dafür bestimmt, das Höchste anzustreben – und muß doch immer wieder die Erfahrung machen, ganz unten zu sein. Diese Saturnposition schmiedet Menschen, die Ruhm und Ehren erwerben, Meister und Führungspersönlichkeiten. Aber der Weg dorthin ist beschwerlich; es muß viel erduldet, durchgemacht und verstanden werden. Das Leben pendelt zwischen Macht und Ohnmacht, zwischen Stolz und Scham hin und her. Allmählich entwickelt man Angst vor Macht, Verantwortung und Erfolg – und wird doch auch regelrecht davon angezogen.
Saturn im Löwen kann mit der Zeit zu Unlust dem Leben gegenüber führen. Dagegen muß man dann selbst »zu Felde ziehen«. Zuvor braucht es die Einsicht, was Saturn eigentlich bezwecken möchte. Diese Saturnposition ist die Folge von Machtmißbrauch. Vielleicht hat man in einem früheren Leben versagt, die Verantwortung nicht übernommen. Vielleicht trägt man aber auch an einer Schuld der eigenen Ahnen.
Saturn im Löwen »erzieht« einen dazu, sein Wirken, sein Verhalten und Sein zu überdenken und hinsichtlich sämtlicher Konsequenzen zu verantworten. Dazu gehört im besonderen das Verhalten als Vater bzw. Mutter den eigenen Kindern gegenüber. Man muß die Verantwortung selbst dann übernehmen, wenn man nach gängiger Meinung davon freigesprochen wird, wie zum Beispiel bei einer Krankheit oder einem Unfall.

*Saturn-Check*
*Wo muß ich mich Saturn beugen?* Ich muß lernen, Verantwortung zu übernehmen.
*Auf welchen Wegen führt mich Saturn zum Erfolg?* Er behindert mich, ich werde gedemütigt, kritisiert.

## *Saturn in der Jungfrau –* ÜBER DEN KÖRPER HERRSCHEN

**Saturnstärken** Treue, Anhänglichkeit, Arbeitseifer, Selbstkontrolle, Genügsamkeit
**Saturnschwächen** Ernst, Pedanterie, Kritiksucht

Wenn sich Saturn in der Jungfrau niederläßt, trifft Kontrolle auf Kontrolle. Denn allein das Zeichen Jungfrau bedeutet, daß man seine Gefühle, seine Triebe, seinen Sex, seinen gesamten Körper im Griff hat. Wenn dann Saturn noch hinzukommt, verdoppelt sich die vorsichtige und kritische Einstellung. Bei dermaßen viel Skepsis muß in der Vergangenheit (in einem früheren Leben, in der eigenen Ahnenreihe) etwas geschehen sein, das große Angst hervorgerufen hat: Angst vor Sexualität und dem damit verbundenen Akt der Zeugung, Angst vor Schwangerschaft und Geburt. Saturn in der Jungfrau verweist auf ein »Versagen« in diesem Bereich: Vielleicht mußte eine Schwangerschaft abgebrochen werden, möglicherweise kam ein Kind tot zur Welt, oder beide, Mutter und Kind, kamen zu Tode.
Saturn in der Jungfrau schiebt jetzt einen Riegel vor Sex und Zeugung, blockiert die Gefühle, verringert die Lust, versucht, aus dem »Tiermenschen« mit seiner Abhängigkeit von Lust und Trieben einen Homo sapiens im wahrsten Sinne des Wortes, einen »weisen« Menschen, zu machen. Saturn verhindert also und weckt zugleich die Sehnsucht, das Körperhafte des Lebens zu transformieren, ein Wesen zu sein, dessen Energie nicht den Lenden, sondern dem Geist entspringt. Das heißt beileibe nicht, gleich in ein Kloster zu ziehen. Aber sich mit diesem Thema auseinanderzusetzen, das bleibt niemandem erspart, der Saturn in der Jungfrau hat.

*Saturn-Check*
*Wo muß ich mich Saturn beugen?* Ich muß lernen, meine Lust zu kontrollieren.
*Auf welchen Wegen führt mich Saturn zum Erfolg?* Durch Versagen, Enttäuschung, Krankheit und – last, not least – Einsicht.

## *Saturn in der Waage* – ÜBER DIE LIEBE HERRSCHEN

**Saturnstärken** Gerechtigkeitssinn, Ausgewogenheit, wahrhaftig lieben können
**Saturnschwächen** Disharmonie, Unzufriedenheit, Gefühlskälte, Einsamkeit

Saturn in der Waage bedeutet die lebenslange Aufforderung, nach der »richtigen, wahren« Liebe zu suchen. Ihr gilt das ganze Sehnen und Streben. Um sie zu finden, müssen jede Menge Enttäuschungen verkraftet werden. Denn was man für Liebe hält – den Rausch der Sinne, überwältigende Gefühle, Herz und Schmerz –, hat vor Saturn noch lange keinen Bestand. In seinen Augen heißt Liebe, daß sich Ich und Du, der eine und der andere, gleichwertig gegenübertreten. Niemand ist kleiner oder größer, gescheiter oder dümmer, wichtiger oder unbedeutender, reifer oder naiver. Das klingt einfach und ganz selbstverständlich, ist es aber nicht. Menschen haben von Natur aus das Bestreben, sich selbst zu verwirklichen, andere (und dazu zählen auch Partner) hingegen hintanzustellen. Darüber hinaus besteht Saturn auf Zuverlässigkeit. Vor ihm zählt noch das »eherne Gesetz«: »... bis daß der Tod uns scheidet!«
Es müssen gravierende Dinge geschehen sein (in einem früheren Leben, in der Ahnenreihe), daß jetzt Saturn persönlich über die Liebe wacht. Es kam zu unwürdigem Verhalten. Jemand wurde im Stich gelassen. Die Liebe wurde verraten. Herzen wurden gebrochen ... Jetzt »zahlen« Sie dafür. Aber es ist keine Rache oder Strafe. Saturn macht Sie stark, damit Sie die gleichen Fehler vermeiden. Er bringt Sie auf den Weg, und er läßt Sie leiden, solange Sie nicht angekommen sind.

*Saturn-Check*
*Wo muß ich mich Saturn beugen?* Ich muß lernen, verbindlich zu sein.
*Auf welchen Wegen führt mich Saturn zum Erfolg?* Durch »falsche« Liebe, Liebeskummer und Alleinsein.

## *Saturn im Skorpion –* ÜBER DIE VERGÄNGLICHKEIT HERRSCHEN

**Saturnstärken** Tiefe, Zugehörigkeit, Willenskraft, Verbundenheit mit den Ahnen
**Saturnschwächen** Engstirnigkeit, Fanatismus

Saturn im Skorpion verweist auf tragische, leidvolle Erfahrungen. Könnte man sein Leben rückwärts ablaufen lassen, so würden rasch Szenen auftauchen, in denen man auf der Flucht, vertrieben, ohne Heimat, ohne Zugehörigkeit, ohne Familie ist. Auch bei den Ahnen, den Eltern, Großeltern und noch weiter zurück herrschen diese Themen vor. Man hat keine richtigen Wurzeln, kein Erbe, das man übernehmen, keine Fußstapfen, in die man treten kann. Wenn man zurückschaut, finden sich Leben ohne Glanz, ohne Würde, ohne Höhepunkte. Daher drängt einen Saturn mit aller Macht dazu, seinem Leben einen Wert zu verleihen. Denn das Gefühl, daß die eigenen Ahnen ein würdeloses Leben führen mußten, formt sich in den Seelen der Nachkommen zu einem großen, mächtigen Anspruch, es besser zu machen, den Gipfel zu ersteigen.
Saturn im Skorpion veranlaßt einen, die dünnen Fäden aus der Vergangenheit aufzuspüren und im Lauf des Lebens ein Netz daraus zu knüpfen – um so wieder einen Halt zu finden. In der Weise, wie man sich umdreht und vor der Vergangenheit verneigt, bekommt man eine Verbindung zu den Ahnen und der eigenen Vergangenheit und erhält Kraft und Wissen. Das ist der »Dank der Ahnen«. Weil man sich ihrer annimmt, erfährt man ihren Schutz, steht nie allein im Leben. Hinter einem steht die Kraft der Vergangenheit.

*Saturn-Check*
*Wo muß ich mich Saturn beugen?* Ich muß mich vor der Vergangenheit verneigen.
*Auf welchen Wegen führt mich Saturn zum Erfolg?* Durch hohe Ansprüche an mich selbst und mein Leben.

## *Saturn im Schützen –* ÜBER WAHRHEIT UND WISSEN HERRSCHEN

**Saturnstärken** Pioniergeist, Mut, Weisheit, Stärke, Wahrhaftigkeit
**Saturnschwächen** Dünkel, Zynismus, Grausamkeit

Saturn im Schützen bedeutet eine Reise zu sich selbst. Es ist, als würde dieser Planet zu einem sagen: »Such deinen eigenen Weg! Laß dich nicht von anderen beeinflussen. Hör nur auf dich ...!« Diese starke Hinwendung zu sich selbst und gleichzeitige Abkehr von anderen beruht auf einer Reihe großer Enttäuschungen in der Vergangenheit (der eigenen bzw. derjenigen der Ahnen), bei denen der Glaube an andere Menschen verlorenging: Vielleicht versagte ein Arzt, es unterlief ihm ein Fehler, oder er gab sich zuwenig Mühe. Vielleicht wurde man auch in seinem Glauben zutiefst erschüttert, weil »Gott« etwas Schreckliches zuließ, einem nicht beistand. Es gehört auch zur Vergangenheit von Menschen mit Saturn im Schützen, daß man – um zu überleben – seinem Glauben abschwören mußte. Jedenfalls bestand am Anfang eine große Hoffnung, die schließlich in eine große Enttäuschung mündete.
Mit Saturn im Schützen hat man einen Vertrauten an seiner Seite, einen, der hilft, derartige Enttäuschungen zu vermeiden. Mit diesem Saturn ist man von vornherein skeptisch. Man kommt bereits mit Mißtrauen auf die Welt, und im Lauf der Jahre gewöhnt man sich immer stärker daran, alles in Frage zu stellen. Man wird ein Mensch, der zwischen Illusion und Wahrheit genau unterscheiden kann. Man wird weise.

*Saturn-Check*
*Wo muß ich mich Saturn beugen?* Ich muß lernen, mir selbst immer mehr zu vertrauen.
*Auf welchen Wegen führt mich Saturn zum Erfolg?* Durch Enttäuschungen, Fehlschläge und Irrwege.

## *Saturn im Steinbock* – ÜBER SICH HERRSCHEN

**Saturnstärken** Klarheit, Standhaftigkeit, Verantwortlichkeit, Führungskompetenz, Selbstbeherrschung
**Saturnschwächen** Kälte, Rücksichtslosigkeit, Einsamkeit

Mit dieser Position besitzt man einen besonders mächtigen Saturn. Das beruht darauf, daß er der regierende Planet des Tierkreiszeichens Steinbock ist. Man sagt, er sei dort zu Hause und könne sich gut entfalten, seine Kraft verdoppelt sich im Steinbock. Auf der einen Seite führt das dazu, daß Sie kontinuierlich an einer Lebensaufgabe arbeiten. Sie lautet: etwas Großes im Leben vollbringen! Auf der anderen Seite führt diese doppelte Saturnkontrolle dazu, sich selbst zu mißtrauen: Sie haben Angst vor sich selbst, Ihren Gefühlen, Ihren Absichten, Ihrem Tun.
Diese Angst hat ihre Wurzeln in der Vergangenheit (in einem früheren Leben, im Leben Ihrer Ahnen), in der Sie bzw. Ihre Vorfahren ausgenutzt, manipuliert oder sogar mißbraucht wurden. Zu denken ist auch an Verführung oder gewalttätigen Mißbrauch von Kindern, wohl die verwerflichste Untat. Irgend etwas dieser Art ist geschehen, daß Sie sich heute nicht mehr selbst vertrauen. Für Sie sind Menschen gefährlich, unberechenbar, zu allem fähig.
In der Weise, wie Sie älter werden und sich selbst beweisen, daß das Leben, Sie, die anderen berechenbar sind, werden Sie neues Vertrauen schöpfen. Sie werden neue Gefühle entdecken, Gefühle, die weniger aus dem Bauch, sondern aus dem Herzen kommen. Sie können lieben und mit anderen Menschen zusammensein. Aber Sie können auch allein sein. Sie sind unabhängig, selbständig, und Ihr Leben wird getragen von Stimmigkeit und Zufriedenheit.

*Saturn-Check*

*Wo muß ich mich Saturn beugen?* Ich muß lernen, Herr meiner selbst zu sein.
*Auf welchen Wegen führt mich Saturn zum Erfolg?* Durch Angst, Vorsicht, Enttäuschung.

## *Saturn im Wassermann –* ÜBER DAS CHAOS HERRSCHEN

**Saturnstärken** Individualität, Erfindertum, Menschlichkeit
**Saturnschwächen** Chaotisch, verwirrt und verrückt sein, Hochstapelei

Menschen mit Saturn im Wassermann suchen etwas besonders Wertvolles im Leben, nämlich Individualität. Individualität ist kostbar. Zwar sagt man leicht dahin, jeder sei ein Individuum. Aber das ist hier nicht gemeint. Ein Individuum in diesem Sinne besitzt einen ganz eigenen Charakter, etwas völlig Besonderes und Einmaliges. Dadurch unterscheidet sich der einzelne von allen anderen Menschen, vergleichbar einem einzeln stehenden Baum in einer Landschaft.
Dieser Wunsch nach Individualität ist uralt. Sie tragen ihn schon lange (viele Leben, durch Generationen hindurch) mit sich herum. Sie sind aus der Gesellschaft ausgebrochen, haben Ihre Familie verlassen – immer auf der Suche nach Freiheit, nach Individualität. Sie haben Menschen mit anderem Glauben, aus anderen Ländern und aus anderen sozialen Schichten geliebt. Kinder kamen, noch bevor ein längeres Zusammenleben überhaupt zur Diskussion stand. Sie selbst entstammen letztendlich einer derartigen »Augenblicksverbindung«. Sie verdanken Ihr Leben einem »Zufall«, einer Laune des Lebens und der Spontaneität und Freiheit Ihrer Vergangenheit.
Aber Sie waren auch blind und unwissend und erlebten daher grandiose Irrungen und Verwirrungen. Sie erlitten die große Angst vor dem Chaos, vor einem Sein ohne Ordnung und Sicherheit. Sie wurden ausgestoßen und verbannt, verjagt und geächtet. – Jetzt begleitet Sie Saturn. Sie werden Ihr freies Leben fortführen und sich dabei immer sicherer am Chaos vorbeimanövrieren.

*Saturn-Check*
*Wo muß ich mich Saturn beugen?* Ich muß lernen, meine Individualität zu leben, ohne im Chaos unterzugehen.
*Auf welchen Wegen führt mich Saturn zum Erfolg?* Durch Reinfall, Bruchlandung und Fehlentscheidung.

## *Saturn in den Fischen –* SEIN MITGEFÜHL BEHERRSCHEN

**Saturnstärken** Toleranz, Opferbereitschaft, Weitblick, Visionen
**Saturnschwächen** Ich-Schwäche, Isolation, Selbstzweifel

Saturn in den Fischen bedeutet ein Geheimnis. Wie im Märchen wird Ihnen aufgetragen, sich auf eine Reise zu begeben. Wohin? Vielleicht zum Ende des goldenen Regenbogens. Oder ans Ende der Welt. Oder nirgendwohin. Mit Saturn in den Fischen ist einem zwar ein Geheimnis in die Wiege gelegt – aber mehr weiß man nicht. Das Geheimnis hat damit zu tun, daß in Ihrer Vergangenheit (in einem früheren Leben, in Ihrer Ahnenreihe) jemand verschwiegen wurde: ein Kind, eine andere Frau, der richtige Vater ... Dieses verleugnete, verschwiegene, verheimlichte Leben fehlt jetzt Ihrer Seele, und sie sucht danach, ohne daß Sie es selbst bewußt wahrnehmen.
In Ihrer Vergangenheit existieren solche Geschehnisse. Von daher haben Sie ein besonderes »Organ« für Unrecht und Lüge. Wo immer in dieser Welt Unrecht geschieht, leiden Sie mit. Jedes Leid zieht Sie regelrecht an. Aber das hat auch fatale Folgen für die Liebe. Sie neigen dazu, sich einen Partner zu suchen, der ganz besonders der Liebe bedarf, weil er unglücklich ist. Dann können Sie ihm – so glauben Sie zumindest – all das angedeihen lassen, was in der Vergangenheit nicht geschehen ist: grenzenlose Liebe. Sie nehmen ihn an. Sie sind für ihn da. Sie verstoßen ihn nicht.
Aber das ist der falsche Weg. Sie müssen mit der Vergangenheit fertig werden und sie nicht ständig vor sich hertragen. So wiederholen Sie Ihr Karma nur. Sie müssen nicht aufhören, andere zu lieben. Aber Sie dürfen das rechte Maß nicht aus dem Auge verlieren.

*Saturn-Check*
*Wo muß ich mich Saturn beugen?* Ich muß mich mit meiner Vergangenheit auseinandersetzen.
*Auf welchen Wegen führt mich Saturn zum Erfolg?* Durch Desillusionierung und Enttäuschung.

*Schon immer suchte der Mensch einen Halt bei den Sternen*

*Info:*

## IHR PROFESSIONELL ERRECHNETES HOROSKOP

Im Computerzeitalter ist es ein leichtes, die exakte Horoskopzeichnung eines Menschen in Sekundenschnelle anzufertigen, wenn man die dazu erforderlichen Daten (siehe unten) eingegeben hat. Es dauert auch nicht lange, bis der Rechner dann die entsprechenden Deutungen aus Textbausteinen zusammenstellt. Daher gibt es inzwischen zahlreiche Anbieter, bei denen Sie mehr oder weniger preisgünstig Horoskope mit und ohne Interpretation erhalten können.
Beim Verfasser dieses Buches kann man gegen Vorauszahlung von 20,– DM/10,– Euro (in bar oder als Scheck; ab 2002 bitte in Euro) ein Geburtshoroskop (nur Zeichnung) bestellen. Bitte Name, Adresse, Geburtstag, Geburtszeit (gegebenenfalls beim Standesamt des Geburtsortes erfragen) und Geburtsort (bei kleineren Orten auch zusätzlich die nächste größere Stadt) angeben.
Wenn Sie möchten, können Sie hier auch eine vom Computer erstellte Persönlichkeitsanalyse anfordern. Der Preis für die etwa zwanzig Seiten umfassende Interpretation beträgt 60,– DM/30,– Euro inklusive Horoskop.
Sie können ebenso eine vom Computer berechnete Jahresprognose bestellen. Die kleine Vorausschau (zirka 15 Seiten, nur langsam laufende Planeten) kostet 60,– DM/30,– Euro. Die große Vorausschau (etwa 50 Seiten mit Merkur, Venus und Mars) kostet 80,– DM/40,– Euro (bitte Zeitraum angeben).
Sie haben dann eine zuverlässige Vergleichsmöglichkeit und können Ihre ganz individuellen Prognosen mit Büchern wie diesem abstimmen.

**Die Adresse:**

*Erich Bauer*
*Postfach 22 11 15*

*80501 München*